TECNOLOGÍA:
MAPAS PARA EL FUTURO

Super telescopios

por dentro y por fuera

por
Ray Villard

Ilustraciones
Alessandro Bartolozzi, Leonello Calvetti, Lorenzo Cecchi

Traducción al español
Leticia Molinero

The Rosen Publishing Group's
Editorial Buenas Letras ™
New York

Dedico este libro a mi querida familia: mi esposa Paulette y mis hijos Renee, Eric y Chris,
que han compartido mi estremecimiento y asombro ante el universo. También lo dedico a mi madre y a mi padre,
que fomentaron mi primer interés en la astronomía con visitas al Planetario Hayden, búsquedas del Sputnik y la construcción
de un modelo de juguete del famoso telescopio Hale. Y por último quiero dedicar este libro a aquellos profesionales cuyo inquebrantable
aliento, confianza y apoyo me brindaron las oportunidades de hacer carrera en comunicaciones de astronomía:
Harold Buchbinder, Jack Carr, Terry Dickinson, Dan Zirpoli, Mark Littmann, Eric Chaisson, Riccardo Giacconi.

Published in 2002 in North America
by The Rosen Publishing Group, Inc., New York

First Edition
First Edition in Spanish 2002

Book Design:
Andrea Dué s.r.l. Florence, Italy

Editor and Photo Researcher:
Joanne Randolph

Library of Congress Cataloging-in-Publication Data

Villard, Ray.
Super telescopios : por dentro y por fuera / por Ray Villard. ;
traducción al español Leticia Molinero. — 1st ed.
p. cm. — (Tecnología : mapas para el futuro)
Includes bibliographical references and index.
ISBN 0-8239-6152-4 (library binding)
1. Telescopes—Juvenile literature. [1. Telescopes. 2. Spanish language materials]
I. Title. II.Series.
QB90 .V55 2002
522'.29—dc21
2001001114
Manufactured in Italy by Eurolitho S.p.A., Milan

Contenido

Un viaje a través del tiempo

Literalmente hablando, los telescopios son máquinas de tiempo. Con ellos podemos viajar a la época en que la Tierra era joven, o incluso antes de que existiera. Podemos viajar para ver cómo era el universo cuando se comenzó a formar la Vía Láctea, o incluso unos minutos después del *Big Bang* cuando se formaron los primeros elementos.

Los telescopios no realizan estas hazañas mediante efectos especiales, sino que utilizan un aspecto fundamental del universo: la velocidad de la luz. Cuando encendemos el interruptor de la luz, no notamos el tiempo que requiere la luz de la bombilla para llegar por el espacio hasta nuestros ojos. Todo ocurre demasiado rápido para que nuestros sentidos lo registren; en cuestión de diez mil millonésimos de segundo. Esto es muy rápido, pero no es instantáneo. De hecho, se ha medido la velocidad de la luz con gran precisión: es de 186,000 millas (300,000 km) por segundo, o sea que puede dar aproximadamente ocho vueltas alrededor de la Tierra en un segundo. A pesar de su velocidad, la luz tarda ocho minutos para recorrer el espacio entre el Sol y la Tierra. Si el Sol dejara de brillar, ¡tardaríamos ocho minutos en darnos cuenta!

La velocidad de la luz no tiene importancia en nuestra vida diaria, pero como las distancias de la astronomía son tan enormes, entonces su efecto comienza a resultar importante. La luz tarda más de cuatro horas en llegar desde Neptuno a laTierra, y más de cuatro años desde Proxima Centauri, nuestra estrella más cercana. Esto significa que si hoy miras a Proxima Centauri a través de un telescopio, no la verás como está ahora, sino como se encontraba hace cuatro años. Y si apuntas el telescopio a la fábrica de estrellas situada en la espada de la constelación de Orión, verás estrellas que comenzaron su vida, no hoy, sino hace 1,700 años, cuando el emperador romano Constantino dominaba gran parte del mundo.

Orienta tu telescopio hacia la Vía Láctea y podrás ver la luz que dejó nuestra galaxia hace treinta mil años luz, cuando los hombres de Neanderthal vivían en cuevas durante la época glaciar. Si miras los grandes grupos de galaxias de Coma, verás la luz que quedó del tiempo en que los dinosaurios dominaban la Tierra.

Arriba, derecha: La luz tarda 70 millones de años en alcanzar la Tierra desde las supergalaxias NGC 4889 y NGC 4874 y las 300 galaxias elípticas menores agrupadas en Coma.

Abajo, derecha: 40 mil años pasan hasta que la luz de la Vía Láctea llega a la Tierra. Cuando la luz que vemos ahora dejó la Vía Láctea, aun existían dinosaurios en nuestro planeta.
Cortesía de LBT Corporation.

Abajo: La ilustración explica el tiempo que tarda la luz en llegar a la Tierra desde distintos puntos en el espacio. Una de las maravillas de los telescopios es que nos permiten ver la luz que salió de esos lugares hace mucho tiempo. Por ejemplo, la luz del Sol tarda 8 minutos en llegar a la Tierra, lo cual significa que cuando vemos el Sol, lo vemos como estaba hace 8 minutos.

70 millones de años

40,000 años

4 años

1,700 años

más de 4 horas

LUNA

TIERRA

8 minutos

EL SOL

NEPTUNO

El telescopio cumplirá próximamente el cuarto centenario de su nacimiento. En estos años, la tecnología nos ha llevado desde las dos lentes de Galileo que cabrían en la palma de la mano, hasta los descomunales telescopios gemelos Keck, con una capacidad de recepción de luz trescientas mil veces más potente. En las últimas dos décadas, se ha logrado aumentar cincuenta veces la sensibilidad de todos los telescopios al reemplazar la película fotográfica (que capta solamente 1% de la luz que recibe), con cámaras electrónicas que registran el 90%. Esto nos permite ver objetos que son cien millones de veces más débiles de los que podía ver Galileo cuando dirigió su rústico instrumento al cielo del norte de Italia, dando inicio a la era moderna de la astronomía. Actualmente detectamos rutinariamente explosiones de estrellas individuales en el universo que ocurrieron antes del nacimiento de la Tierra, y podemos seguir el rastro a los quásares hasta sus orígenes en los comienzos del tiempo. Así podemos saber cómo era el universo cuando empezaron a formarse las primeras galaxias.

Por supuesto, todavía nos queda mucho por descubrir. Pero ya se está planeando la construcción de un enorme telescopio, casi del tamaño del Keck, que permitirá confeccionar el mapa de todo el cielo en una semana, y varios grupos de astrónomos exploran diseños para construir telescopios terrestres que sean suficientemente grandes como para jugar un partido de fútbol sobre su espejo. El Telescopio Espacial de Próxima Generación es precisamente eso; un Hubble para la próxima generación: tu generación.

Ahora, prepárate para el viaje y disfruta de una travesía a través del tiempo.

Dr. David Helfand, Profesor
Laboratorio de Astrofísica de
la Universidad de Columbia

VÍA
LÁCTEA

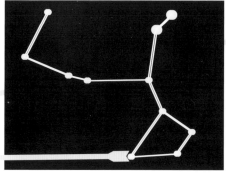

PROXIMA CENTAURI

ORIÓN

El asombroso telescopio

En la actualidad usamos poderosas máquinas para explorar las fronteras de la naturaleza. Los aceleradores de partículas separan los átomos en sus componentes más pequeños, los cohetes espaciales lanzan naves a otros planetas y los robots merodean las oscuras profundidades del océano. El telescopio es el bisabuelo de todas estas máquinas maravillosas. Fue la primera herramienta científica creada para ampliar nuestra visión de los cielos, y cambió para siempre la manera en que los científicos observan la naturaleza. El telescopio demostró que los observadores ordinarios podrían ver cosas que nadie se había imaginado. Los telescopios actuales han dado lugar a una era de oro en la exploración, algo que puede compararse solamente con el descubrimiento del Nuevo Mundo hace más de quinientos años.

La astronomía es el estudio de todo lo que existe en el universo más allá de nuestro planeta. El universo está lleno de todo tipo de objetos: estrellas, galaxias, lunas, planetas y cometas. Estos objetos no existieron siempre. Tuvo que haber un comienzo, y es posible que todo lo que existe en el espacio termine alguna vez. Esto significa que el universo cambia con el tiempo, está en evolución. Las estrellas explotan, las galaxias chocan, los cometas y asteroides vuelan cerca de la Tierra, y objetos extraños llamados agujeros negros devoran estrellas. Los telescopios se usan todas las noches para explorar estos misterios. Hay algunas preguntas importantes que los astrónomos quieren responder, y necesitan construir telescopios cada vez más grandes para encontrar estas respuestas.

Este libro explora la imaginación e inventiva desplegada por científicos e ingenieros para construir telescopios cada vez más grandes y poderosos. Estos gigantes de vidrio y acero tienen que construirse con la solidez de un puente y funcionar con la precisión de una pieza de relojería. Hoy han evolucionado hasta convertirse en máquinas activadas por computadoras con una exactitud inimaginable que les permite procesar la luz de las estrellas que nos llega desde tiempos y distancias inmemoriales. Las generaciones anteriores se han expresado construyendo grandes monumentos, pirámides y catedrales. Los telescopios gigantes actuales son monumentos científicos a nuestra curiosidad acerca del universo infinito.

Derecha: Esta nube resplandeciente es una estrella naciente (nebula NGC 604), con más de 200 estrellas jóvenes en su núcleo en la vecina galaxia M33. Imagen del Telescopio Espacial Hubble. *Cortesía de la NASA.*

Abajo: La ilustración muestra un telescopio con un espejo de 150 cm similar al que fue instalado en Mt. Palomar, California.

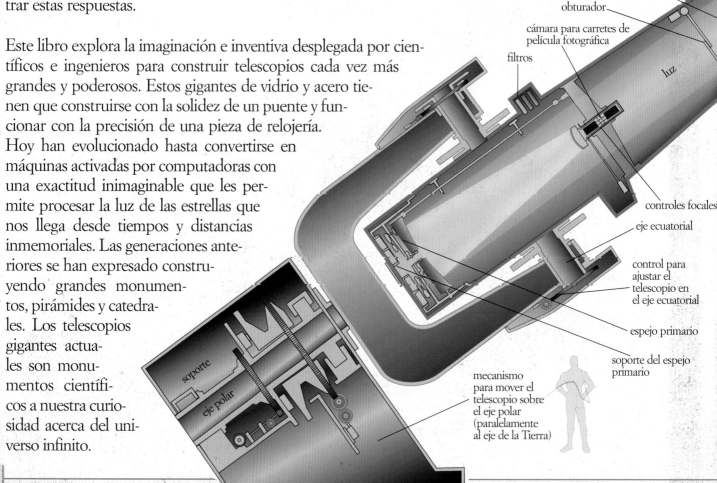

lámina correctora

obturador

cámara para carretes de película fotográfica

filtros

luz

controles focales

eje ecuatorial

control para ajustar el telescopio en el eje ecuatorial

espejo primario

soporte del espejo primario

mecanismo para mover el telescopio sobre el eje polar (paralelamente al eje de la Tierra)

soporte

eje polar

¡Hágase la luz!

Un telescopio recoge y concentra la luz, permitiendo que objetos distantes puedan verse como si estuvieran mucho más cerca de nosotros. La palabra telescopio significa "ver lejos", y viene de la palabra griega *teleskop*. A diferencia de lo que ocurre en otras ciencias, los astrónomos no pueden tocar directamente los objetos que estudian. Un biólogo puede explorar físicamente el funcionamiento de una célula, un geólogo desmenuza rocas y un paleontólogo desentierra huesos de dinosaurios. Hemos enviado sondas espaciales a los planetas, pero las estrellas, las nebulosas y las galaxias se encuentran tan distantes que no las podemos visitar. La única manera de estudiarlas es mediante la naturaleza de su luz.

CÓMO FUNCIONA LA LUZ

La luz que recibe un telescopio puede usarse para crear imágenes de planetas, estrellas y galaxias, o puede dividirse en un arco iris de colores con información codificada acerca de diferentes tipos de objetos en el universo. Antes de entender el universo, los astrónomos tienen que entender la naturaleza de la luz. Cuando arrojas una piedra a un estanque, se forman olas en el agua en todas las direcciones, llevando la energía liberada por el impacto. Piensa en la luz como olas de energía procedentes de las estrellas. Los científicos hablan de la luz como si tuviera una longitud de onda, que es una medida de la distancia entre ondas de energía sucesivas. Las olas del océano pueden estar a unos metros de distancia, ¡pero las ondas de la luz están separadas a tan sólo 1/10,000 de pulgada (0.254 cm)! La longitud de onda de la luz también indica su color. Las estrellas se ven blancas porque emiten todos los colores del arco iris, pero el verdadero color de una estrella puede ser algo rojizo o azulado, según su temperatura y movimiento por el espacio.

La velocidad y la dirección de la luz cambia cuando pasa por un medio transparente, tal como un vidrio. A este proceso se le denomina refracción. Las ondas luminosas también pueden rebotar en superficies y cambiar de dirección. A esto se le llama reflexión. La superficie de un espejo es el mejor reflector de la luz. Además, la luz puede separarse en todos los colores que forman la luz blanca. Un prisma de vidrio logra esto al desviar los diferentes colores de la luz. Las gotitas de agua que hay en la atmósfera se comportan como un prisma microscópico que forma el arco iris. A esto se le llama difracción.

Abajo: La atmósfera terrestre tiene mayor densidad al nivel del mar, y a mayor densidad se da una mayor refracción de luz. Conforme la luz de una estrella atraviesa la atmósfera, la luz se dobla y la estrella parece estar a una altura superior a la que realmente se encuentra.

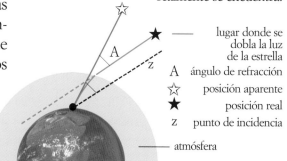

— lugar donde se dobla la luz de la estrella
A ángulo de refracción
☆ posición aparente
★ posición real
z punto de incidencia
— atmósfera

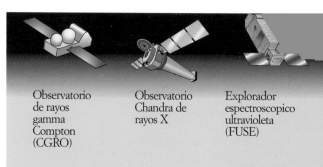

Observatorio de rayos gamma Compton (CGRO)

Observatorio Chandra de rayos X

Explorador espectroscopico ultravioleta (FUSE)

0.0001nm	0.001nm	0.01nm	0.1nm	1nm

rayos gamma

rayos X

LUZ INVISIBLE

En el año 1800, el astrónomo británico Sir William Herschel descubrió que podía medir una forma de "luz invisible" procedente de un prisma. Usando un termómetro, comprobó que las temperaturas de los colores de la luz solar aumentaban de la parte azul a la parte roja del espectro. Herschel decidió medir la temperatura más allá de la zona roja en una región aparentemente desprovista de luz solar. ¡Para su sorpresa, encontró que esta región tenía la temperatura más elevada! A esto se le llamó radiación infrarroja. Este fue el primer experimento que demostró que existen formas de luz que no podemos ver con nuestros ojos.

Eventualmente los científicos se dieron cuenta de que la luz es tan sólo una pequeña región dentro de una gama de energías mucho más amplia que inunda el universo y a la que se le llamó espectro electromagnético. Esta radiación incluye radioondas, microondas, rayos infrarrojos, visibles, ultravioletas, rayos X y rayos gamma. La atmósfera sólo permite el paso de la luz, las radioondas y cierta radiación infrarroja a la superficie de la Tierra.

Para ver otras formas de radiación, los astrónomos deben lanzar telescopios al espacio más allá de nuestra atmósfera. Varios tipos de telescopios detectan la radiación electro-magnética generada por una variedad de objetos en el espacio. Las estrellas irradian principalmente luz visible, los planetas brillan en luz infrarroja, los agujeros negros en la luz de los rayos X, las nubes de gas brillan en luz de radioondas. Gracias a este descubrimiento, la definición de un telescopio ha adoptado un significado más amplio en las últimas décadas. Los telescopios actuales tienen una amplia variedad de formas y tamaños. Su tamaño y aspecto depende del tipo de radiación que deban detectar.

Arriba, izquierda: El lápiz dentro de un vaso con agua nos muestra cómo se dobla la luz. Esto muestra la refracción de la luz.

Abajo: Estos diagramas muestran cómo trabajan los telescopios reflectivos (arriba) y refractivos (abajo).

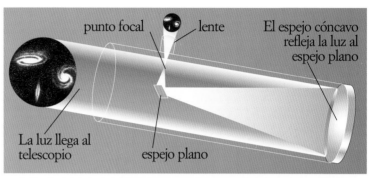

punto focal — lente — El espejo cóncavo refleja la luz al espejo plano

La luz llega al telescopio — espejo plano

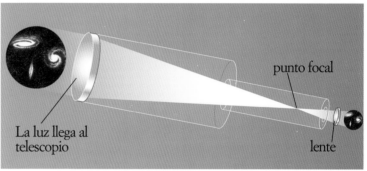

La luz llega al telescopio — punto focal — lente

Abajo: El diagrama muestra los diferentes tipos de luz de acuerdo a su longitud de onda y los distintos instrumentos que los detectan.

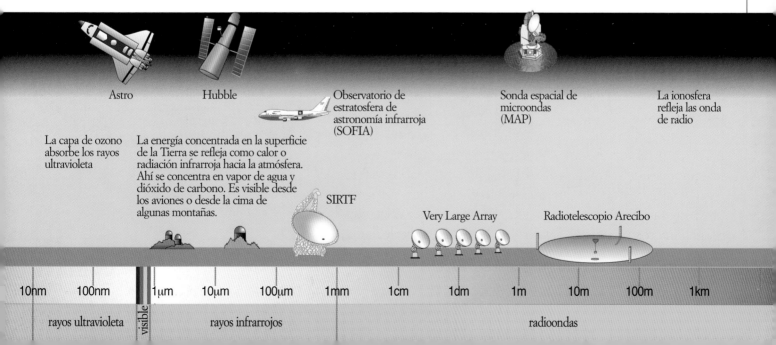

Astro

Hubble

Observatorio de estratosfera de astronomía infrarroja (SOFIA)

Sonda espacial de microondas (MAP)

La ionosfera refleja las onda de radio

La capa de ozono absorbe los rayos ultravioleta

La energía concentrada en la superficie de la Tierra se refleja como calor o radiación infrarroja hacia la atmósfera. Ahí se concentra en vapor de agua y dióxido de carbono. Es visible desde los aviones o desde la cima de algunas montañas.

SIRTF

Very Large Array

Radiotelescopio Arecibo

| 10nm | 100nm | 1μm | 10μm | 100μm | 1mm | 1cm | 1dm | 1m | 10m | 100m | 1km |

rayos ultravioleta | visible | rayos infrarrojos | radioondas

Un ojo gigante en el cielo

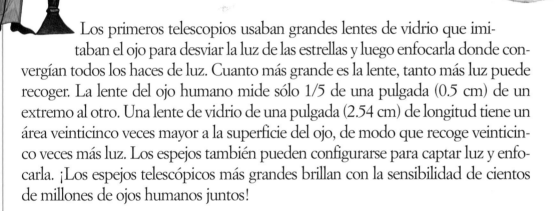

En cierto modo, un telescopio no es más que un ojo gigante. Al igual que el ojo, un telescopio usa una lente para recoger luz. Esta lente dobla la luz y, gracias a su forma convexa, la desvía hacia su borde en un ángulo mayor al de la luz que llega al centro. De este modo, los rayos llegan a un punto o foco en la parte posterior del ojo. La retina recoge la luz y la convierte en señales electrónicas que se transmiten a los centros de visión del cerebro.

Los primeros telescopios usaban grandes lentes de vidrio que imitaban el ojo para desviar la luz de las estrellas y luego enfocarla donde convergían todos los haces de luz. Cuanto más grande es la lente, tanto más luz puede recoger. La lente del ojo humano mide sólo 1/5 de una pulgada (0.5 cm) de un extremo al otro. Una lente de vidrio de una pulgada (2.54 cm) de longitud tiene un área veinticinco veces mayor a la superficie del ojo, de modo que recoge veinticinco veces más luz. Los espejos también pueden configurarse para captar luz y enfocarla. ¡Los espejos telescópicos más grandes brillan con la sensibilidad de cientos de millones de ojos humanos juntos!

CÓMO USAN LOS TELESCOPIOS LOS ASTRÓNOMOS

Una gran parte de la astronomía consiste en la destreza de la observación. A lo largo de la historia, se han realizado investigaciones mirando directamente los objetos celestes a través del ocular de un telescopio. El ocular proporciona una imagen ampliada de la luz que se ha enfocado. Los primeros astrónomos pasaban muchas horas mirando por el ocular y dibujando lo que veían. Las primeras observaciones se limitaban a hacer un inventario de todo lo que tenía cierto tamaño o brillo y que podía verse a través de un telescopio. Observar repetidamente permitía que los astrónomos siguieran los cambios celestes, tales como el paso de un cometa, la pulsación de una estrella o el clima en otros planetas. Hoy las cámaras electrónicas registran imágenes a todo color. Los telescopios actuales se usan comúnmente para sacar fotografías. Estas imágenes se utilizan para categorizar el aspecto, la forma y el color

Derecha: El diagrama muestra el Interferómetro VLT . Este telescopio combina la información obtenida por cuatro grandes telescopios y dos auxiliares. Cada uno de ellos trata de capturar diferentes zonas de una misma onda de luz que llega desde el espacio. Los telescopios están alineados de forma que cada onda de luz concuerda con la siguiente como si un telescopio inmenso (imposible de fabricar) recogiera esa información.

ESPECTROSCOPIA

En la espectroscopia, la luz de un objeto celeste se transporta a través de un delgado orificio y se dispersa en un arco iris de color. Un espectroscopio mide con precisión el brillo de los diferentes colores del arco iris.

Según su diseño, el espectroscopio usa los principios de refracción (en un prisma) o de difracción (en un espejo).

Diagrama A: Una forma de separar la luz por medio de refracción es a través de un prisma. La luz con distintas longitudes de onda se refleja o dobla en diferentes ángulos en el CCD.

Diagrama B: De una manera similar al prisma, una superficie reflectante

(como la de un CD-ROM) también refracta la luz y la refleja en forma de ondas individuales contra el CCD o censor de luz. Las crestas en la superficie reflectante producen distintas longitudes de onda que rebotan en distintos ángulos.

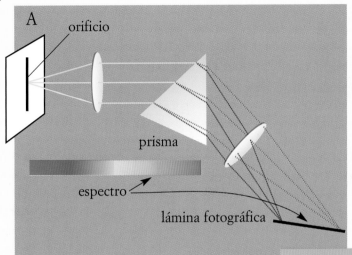

A
orificio
prisma
espectro
lámina fotográfica

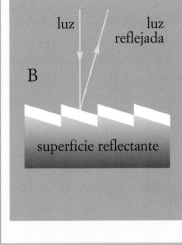

luz
luz reflejada
B
superficie reflectante

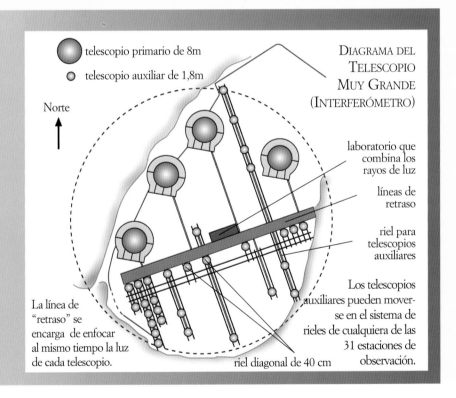

telescopio primario de 8m
telescopio auxiliar de 1,8m

Norte

DIAGRAMA DEL TELESCOPIO MUY GRANDE (INTERFERÓMETRO)

laboratorio que combina los rayos de luz

líneas de retraso

riel para telescopios auxiliares

Los telescopios auxiliares pueden moverse en el sistema de rieles de cualquiera de las 31 estaciones de observación.

La línea de "retraso" se encarga de enfocar al mismo tiempo la luz de cada telescopio.

riel diagonal de 40 cm

orificio
superficie reflectante
luz
CCD
colimador

Arriba: Este diagrama reúne lo que aprendimos en los diagramas A y B. La luz de una estrella se filtra por el orificio y llega a la lente. La lente enfoca la luz hacia la superficie reflectante que la separa en distintas ondas. El CCD lee la luz y crea la imagen.

de los objetos que se encuentran en las profundidades del espacio, ya sea una galaxia, una nebulosa o un cometa.

Además de proporcionar imágenes, la luz recogida por un telescopio se divide mediante un proceso llamado espectroscopia. Esta poderosa técnica, que utiliza un espejo finamente tallado llamado rejilla de difracción, "descifra" la luz de las estrellas para obtener información acerca de su temperatura, movimiento, distancia y composición química.

Arriba, página opuesta: Observatorio en Hven, Dinamarca, donde el gran astrónomo danés Tycho Brahe realizó las observaciones que permitirían a Johannes Kepler establecer sus famosas leyes sobre el movimiento de los planetas.

Abajo, izquierda: Este es el enorme espejo de un telescopio y el equipo humano que lo creó.

Desde los inicios

El fabricante de anteojos holandés Hans Lippershey inventó el primer telescopio en 1608. Lippershey descubrió que al mirar a través de un par de lentes de vidrio alineadas una frente a la otra, un objeto distante parecía estar mucho más cerca. A pesar de los intentos de mantener la invención en secreto, las noticias se difundieron rápidamente por toda Europa. En 1609 el científico italiano Galileo Galilei usó un telescopio casero que hacía que los objetos se vieran treinta veces más cerca. Para su asombro, pudo ver montañas y valles en la Luna. Descubrió cuatro lunas que se desplazaban alrededor de Júpiter, vio que la Vía Láctea estaba compuesta de innumerables estrellas y vio manchas oscuras en el Sol. De la noche a la mañana, el telescopio revolucionó nuestra visión del universo.

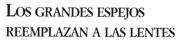

LOS GRANDES ESPEJOS
REEMPLAZAN A LAS LENTES

La tecnología del telescopio dio un gran paso en 1688 cuando el científico Sir Isaac Newton construyó un telescopio diferente. En vez de usar lentes, usó un espejo levemente curvo para recoger la luz. El espejo tenía solamente 1.5 pulgadas (3.8 cm) de diámetro, pero revolucionó la astronomía. Su invención abrió el camino para la construcción de espejos más grandes. Los espejos podían ser más livianos en comparación con las lentes, y eran mucho más poderosos porque recogían más luz de las estrellas.

El astrónomo William Herschel llevó la fabricación del telescopio a nuevas alturas en el siglo dieciocho, al construir telescopios de hasta 48 pulgadas (1.2 m) de diámetro y 40 pies (15 m) de largo. En los años 1800, William Parsons construyó un telescopio reflector de 72 pulgadas (1.8 m) con un espejo de tres toneladas de peso. El tubo del telescopio tenía 58 pies (20 m) de largo.

EL CRECIMIENTO DE LOS TELESCOPIOS

El siglo veinte presenció un crecimiento explosivo en el tamaño de los telescopios. El diámetro del espejo del telescopio se duplicó cada treinta y cinco años. En 1928, los astrónomos emprendieron una de las obras de ingeniería más grandes de la ciencia moderna. Con una beca de seis millones de dólares de la Fundación Rockefeller, pasaron veinte años construyendo un espejo de 200 pulgadas (5 m) para el telescopio Hale situado en el Monte Palomar en California. Cuando empezó a funcionar en 1948, tenía siete pisos de altura y tenía al menos 250,000 piezas diseñadas específicamente para el proyecto. El telescopio Hale fue el mejor del mundo durante casi medio siglo. Hacer telescopios más grandes usando diseños convencionales requeriría hacer también espejos más gruesos. El peso de este espejo, de más de 14 toneladas, lo haría sumamente difícil de mover. Para esto se necesitarían nuevos adelantos de la ingeniería. En 1948, estos eran inimaginables.

Arriba: Galileo Galilei, padre de la astronomía moderna, con uno de sus telescopios. Éste puede ser visto en el Museo de Historia de la Ciencia en Florencia, Italia.

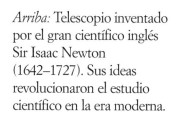

Arriba: Telescopio inventado por el gran científico inglés Sir Isaac Newton (1642–1727). Sus ideas revolucionaron el estudio científico en la era moderna.

¿Cómo funciona el telescopio reflectivo de Isaac Newton?

Visor ajustable que permite aumentar la observación de los cielos.

La luz entra directamente en el tubo del telescopio reflectivo. Las lentes no se encuentran en sus extremos.

espejo secundario

El espejo primario de forma cóncava refleja la luz hacia el espejo secundario, el cual envía la imagen de la estrella enfocada hacia el visor.

El soporte cuenta con un mecanismo que permite al telescopio moverse en distintas direcciones. Este telescopio tiene un soporte ecuatorial que le permite realizar movimientos circulares para seguir una estrella.

Abajo: El dibujo muestra un corte transversal de la cúpula que alberga al telescopio Hale en California. Fue terminado de construir en 1948.

Arriba: El telescopio de 100 pulgadas (2.5 m) en el Monte Wilson en California le permitió a Edwin Hubble descubrir que la Vía Láctea es sólo una de las muchas galaxias en un universo en expansión.

Variaciones del telescopio de Newton

El sistema Cassegrain, nombrado en honor del físico francés que lo describió en 1672, utiliza un pequeño espejo secundario más cerca del punto focal del espejo primario. La luz rebota del espejo primario hacia el secundario y es enviada de regreso hacia el visor. Este efecto se llama óptica duplicada y permite observar objetos a mayor distancia al incrementar la distancia de enfoque de un instrumento.

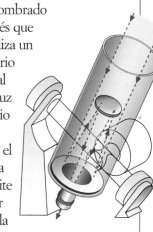

CASSEGRAIN

El diagrama coudé (del francés *couder*, "doblar en el codo") apunta la luz en una dirección establecida al cambiar el ángulo de uno o varios espejos secundarios ajustables. Esto significa que no es necesario cambiar de posición para ver un objeto. El observador ajusta el espejo para enfocar el objeto deseado.

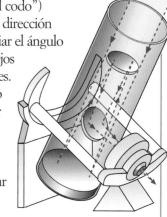

COUDÉ

Edwin Hubble

Avances en la tecnología del telescopio

El 7 de octubre de 1958, la antigua Unión Soviética puso en órbita el primer satélite artificial alrededor de la Tierra. Llamado *Sputnik*, el satélite catapultó la tecnología del telescopio hacia nuevos niveles. Además el *Sputnik* inició una competencia tecnológica entre los Estados Unidos y la Unión Soviética que se llamó la carrera espacial, que culminó con la creación de nuevos y más poderosos telescopios. Algunos de estos avances fueron la electrónica en miniatura, el desarrollo de nuevos espejos y el uso de CCD (*Charge-Coupled Device*) en lugar de película fotográfica. Los CCD tienen una serie de ventajas sobre la película tradicional. Son mucho más sensibles a la luz y muestran grandes contrastes, lo que significa que pueden ver objetos brillantes cerca de objetos casi invisibles. La imagen se registra automáticamente en forma digital, de modo que puede ser ampliada y almacenada por una computadora. Los CCD aumentaron el poder de los telescopios sin necesidad de aumentar su tamaño.

ADELANTOS EN EL TAMAÑO DEL TELESCOPIO

A inicios de la década de los ochenta, los astrónomos habían hecho casi todo lo que podían con las mejores cámaras de CCD y los telescopios más grandes de la época. Pero los astrónomos seguían "ávidos de luz", lo que significa que necesitaban espejos aun más grandes que el Hale de 200 pulgadas (5 m). Esto requería imaginación e innovación tecnológica. Las computadoras vinieron una vez más al rescate ofreciendo posibilidades que hasta entonces eran inimaginables.

Arriba: El CCD (Dispositivo de Transferencia de Carga, *Charge-Coupled Device*) es más eficiente y sensible a la luz que una placa fotográfica.

Una idea era hacer espejos sumamente delgados que fueran más livianos y pudieran moverse con mayor facilidad. Sin embargo, esto necesitaría el control de la computadora para evitar que el espejo cambiara de forma, lo que podría arruinar las observaciones. Esto fue intentado por primera vez por el Telescopio Nueva Tecnología (NTT) del Observatorio del Sur de Europa (ESO), construido en 1988. En 1998 se inauguró su sucesor, el Telescopio Muy Grande (VLT) de ESO, el cual sigue siendo uno de los mejores observatorios. Una idea aun más radical era la de montar un espejo gigantesco constituido por piezas de espejos individuales, como el ojo de un insecto. Esto nuevamente requería control de computadora para lograr que el espejo segmentado proporcionara la misma calidad de imagen que el de una sola pieza. Esto hizo posible la construcción del pionero de todos los telescopios gigantes del futuro, el Keck, inaugurado en 1990. En ese mismo año tuvo lugar el lanzamiento del telescopio espacial Hubble, que inició la era de los grandes telescopios en el espacio.

Abajo: Un espejo a punto de ser fundido por medio di centrifugado. Este método ahorra tiempo al dejar el espejo muy cerca de su forma final.

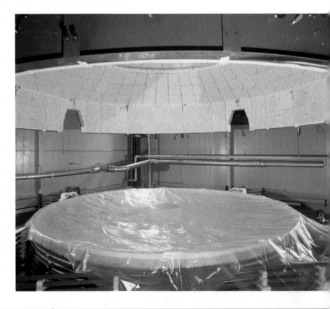

Se puede decir que un telescopio es un "cubo de luz". Cuanto más grande, más eficaz será para recoger la luz, lo mismo que un cubo grande recoge más agua de lluvia que uno pequeño. Los telescopios más grandes pueden detectar objetos cuyo brillo es más de un milmillonésimo del de la estrella más débil que puede ver el ojo humano. Pero una imagen brillante no es la única respuesta. Además la visión debe ser nítida, capaz de ver detalles muy finos en los objetos distantes. En teoría, cuanto más grande es el diámetro del espejo, tanto más precisa es la imagen. Sin embargo, hasta los telescopios más grandes deben enfrentar el hecho de que la atmósfera desdibuja la luz de las estrellas. Es como mirar el cielo desde el fondo de una piscina. Sin la tecnología adicional, incluso el telescopio terrestre más grande no podrá proporcionar una imagen más nítida de la que podemos ver a través de un telescopio de aficionado. Sin embargo, las computadoras permiten que los telescopios terrestres agudicen sus imágenes al controlar diminutos espejos flexibles que reducen el efecto borroso de la atmósfera mediante un seguimiento de las distorsiones atmosféricas. A esto se le llama Óptica Activa (ver pág. 22).

Derecha. arriba: Imagen de Saturno del Telescopio Espacial Hubble. *Cortesía de la NASA.*

Derecha, abajo: Los segmentos del espejo del Telescopio Keck están anclados en una estructura motorizada.

Diseño del telescopio

Al diseñar un telescopio, se debe tener en cuenta el tamaño del espejo, la estructura que lo mantendrá alineado con los demás componentes ópticos y la manera en que se moverá en conjunto. El enlace más débil del sistema afectará el funcionamiento de todo el telescopio. Aunque un telescopio tiene muchos espejos y elementos ópticos, la pieza clave es el espejo primario.

La luz captada por el espejo primario debe enviarse a las cámaras y a otros instrumentos. Normalmente el haz de luz rebota del espejo primario y regresa por el tubo a un espejo secundario más pequeño. Al igual que el primario, el espejo secundario puede controlarse por computadora para afinar aún más la imagen. Cuando el haz rebota desde el espejo secundario, regresa por el tubo y pasa a través de un orificio en el centro del espejo primario. A este recorrido en zigzag a través del telescopio se le llama "óptica doblada" porque la trayectoria de la luz se dobla sobre sí misma. Todas las piezas deben estar conectadas entre sí en una estructura similar a una canasta llamada montaje del telescopio óptico. Las piezas deben estar exactamente a la misma distancia entre sí aun cuando el telescopio realice movimientos durante la noche.

El diagrama muestra la forma en la que un telescopio de "óptica doblada" recibe y enfoca la luz.

espejo secundario

espejo primario

foco

Abajo: La clave en el diseño de un telescopio es el espejo primario. Este es uno de los 32 segmentos de cristal del telescopio Keck antes de ser moldeado y pulido.

El espejo del telescopio moderno actual debe ser grande para recoger mucha luz, pero no puede ser tan pesado como para deformarse con su propio peso. No puede cambiar de forma cuando se calienta o enfría porque eso distorsionaría la imagen que produce. El espejo debe ser levemente curvado, como un tazón poco profundo. A esta forma se le llama cóncava. La idea es que sin importar en qué parte del espejo llegue la luz, ésta se refleje en el llamado punto de foco.

Las formas de los primeros telescopios tenían una curva relativamente simple, básicamente una sección de una esfera. Si se corta un coco por el medio, ambas mitades en forma de taza serían secciones de una esfera. Una forma más precisa es una curva especial llamada parábola. Una dificultad que deben resolver los diseñadores es que cuanto más grande es un espejo parabólico, tanto más larga es la trayectoria que debe recorrer la luz antes de llegar al foco. A esto se le llama distancia focal.

Un espejo de telescopio mayor al del Hale de 200 pulgadas (5 m) necesitaría un tubo extremadamente largo y pesado para llevar la luz al espejo secundario. Esto a su vez significaría un telescopio más grande y pesado, y una cúpula enorme y costosa. Debido a que las computadoras pueden guiar la configuración del espejo, se puede confeccionar una curva más complicada y profunda, llamada hipérbole. Esto sería imposible mediante un proceso manual. Las superficies de estos espejos son tan precisas que permiten construir telescopios con distancias focales más cortas. Esto hace posible que el tubo sea más corto y liviano. Una estructura liviana permite un telescopio más grande con una visión más amplia del cielo.

ESPEJO ACTIVO

Los avances en el diseño de telescopios permiten construir espejos muy finos. La óptica activa (ver página 17) se utiliza para mantener la forma de los espejos, y se indica en el diagrama con las flechas verdes. Cuando se detecta una curvatura en el espejo, una computadora realiza pequeños ajustes empujando los pistones en los que se asienta. El diagrama muestra la óptica activa del Telescopio Muy Grande (VLT).

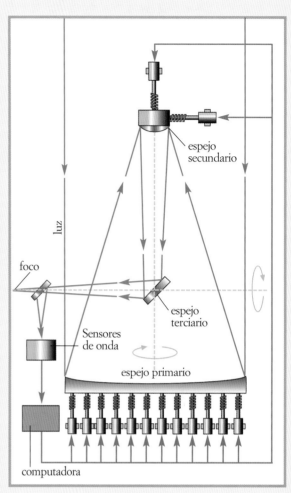

ESPEJOS LÍQUIDOS

El Telescopio de Espejo Líquido de 18 pulgadasde la NASA se utiliza para estudiar desechos espaciales. Este económico telescopio utiliza 3.7 galones (14 l) de mercurio y gira constantemente. El mercurio líquido se asienta en un plato que tiene una forma parabólica casi perfecta. Para evitar las vibraciones del disco se usan soportes de aire que permiten obtener una imagen más clara del objeto observado.

Derecha: Diagrama de un espejo líquido.

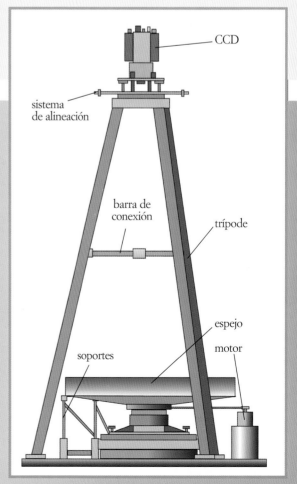

El espejo

FUNDICIÓN DEL ESPEJO

El vidrio es el mejor material para el espejo en un telescopio. Es rígido, fuerte, relativamente económico y puede pulirse hasta lograr una superficie extremadamente lisa. El vidrio pulido se convierte en un espejo cuando se le aplica una delgada capa reflectante de plata o aluminio. Los espejos deben fundirse usando vidrio especial que no se expanda ni contraiga apreciablemente con la temperatura al enfriarse y endurecerse. Una vez que el vidrio se funde, se le llama espejo en bruto porque todavía tiene que pulirse hasta adquirir una forma curva. Cuando el vidrio se cuela como espejo en bruto debe enfriarse lentamente para evitar resquebrajamientos. El primer espejo fundido para el poderoso telescopio Hale se resquebrajó después de un año de enfriamiento, y fue necesario confeccionar un segundo espejo.

Arriba: Estas personas se preparan para añadir el recubrimiento de aluminio a un espejo en bruto.

Izquierda: Trozos de vidrio se colocan en un molde con forma de panal.

Derecha: Espejo en bruto antes de ser pulido.

Abajo: Técnicos limpiando el espejo de 200 pulgadas (5 m) del telescopio Hale.

TALLADO Y PULIDO DEL ESPEJO

La superficie plana del espejo en bruto debe tallarse con gran precisión para darle la forma correcta. En los primeros telescopios esto se hacía a mano. ¡El tallado del vidrio para el espejo del telescopio Hale llevó trece años! Hoy los ingenieros usan una herramienta de pulido controlada por computadora que frota una mezcla de agua y polvo sobre el vidrio y lo va transformando lentamente en una superficie curva.

Cuando la superficie del espejo tiene la forma correcta, se debe pulir hasta adquirir una gran lisura. La lisura del espejo debe tener un espesor de aproximadamente 1/100 del grueso de un cabello humano. El espejo se alisa con una máquina computarizada que parece una lijadora de piso circular. Recientemente se ha desarrollado un proceso en el que se dispara un haz de átomos a la superficie del espejo. Estos diminutos "proyectiles" atómicos rebajan átomos de la superficie del espejo para alisar las irregularidades más pequeñas.

LAS NUEVAS TÉCNICAS DE FUNDICIÓN SIMPLIFICAN EL TALLADO

Dar nueva forma a un espejo es un largo proceso. ¿Sería posible que el espejo se moldeara en la forma correcta cuando se vierte el vidrio fundido por primera vez? Esto es lo que se intenta lograr con una técnica nueva llamada fundición centrifugada (*spin-cast*). Durante este proceso el espejo en bruto se gira en un enorme carrusel cuando aún se encuentra en su estado fundido. La rotación mueve una parte del vidrio hacia el borde del receptáculo giratorio, como sucede cuando agitamos agua en un tazón. El vidrio fundido, o el agua, crean una forma llamada paraboloide. Después de enfriarse, el espejo no tiene que pulirse para quitar el vidrio excedente. Al término de este proceso estará muy cerca de su forma exacta. Esto ahorra mucho tiempo.

Esta técnica por centrifugado fue utilizada por primera vez por el astrónomo Roger Angel en la Universidad de Arizona. Angel construyó hornos suficientemente grandes como para fundir espejos de hasta 300 pulgadas (8 m) de un lado al otro. Para esto se utiliza un enorme molde circular en el que se colocan piezas sólidas de vidrio. Entonces se calienta lentamente hasta que fluye como cera fundida en moldes de panal. Después de cinco días, con temperaturas de 2,100 grados Fahrenheit (1,148° C), se reduce el calor y el espejo pasa muchas semanas en las que se controla su enfriamiento para evitar las resquebrajaduras.

MANTENIMIENTO DEL TELESCOPIO

El inmenso espejo de un telescopio requiere mantenimiento constante. En algunos observatorios, el espejo se lava una o dos veces al año para extraer la suciedad a la que se expone cada noche. Para lavarlo se utiliza agua con jabón convencional y esponjas marinas. La capa de aluminio que recubre el espejo tiene que reemplazarse con frecuencia debido a que el oxígeno de la atmósfera corroe el metal. Cuando se restauró el espejo del telescopio Hale, los técnicos comprobaron que gotitas de agua combinadas con cenizas de los incendios forestales habían carcomido la fina capa de aluminio. ¡Hasta encontraron un insecto muerto!

RECUBRIMIENTO DEL ESPEJO

Para crear la superficie reflectante del espejo de un telescopio, los técnicos aplican una fina capa de aluminio (o plata) sobre el vidrio. Para conseguirlo, el espejo se coloca en una cámara al vacío en la que se extrae el aire. Posteriormente se calientan los filamentos recubiertos con 1 onza (28 g) de aluminio. Conforme se calienta el material, sus átomos vuelan por la cámara y se posan sobre la superficie de vidrio. La cámara debe estar al vacío, (sin aire) para evitar que las moléculas de aire bloqueen el aluminio y así se logre un fino recubrimiento sobre la superficie.

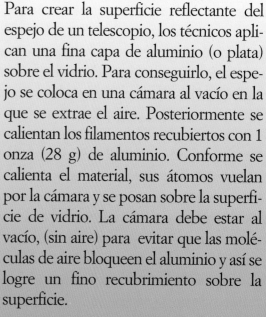

Innovaciones en el telescopio

Las nuevas técnicas de fundición y pulido permiten la construcción de espejos extremadamente finos llamados meniscos. Una pieza fina de vidrio resuelve algunos problemas, pero también puede ser demasiado flexible como para funcionar correctamente. El espejo puede combarse por la fuerza de gravedad y puede ser zarandeado por el viento. Los ingenieros han resuelto este problema colocando pistones, llamados actuadores servomecánicos, detrás de los espejos menisco. Los actuadores, controlados por computadora, ajustan la forma del espejo cuatro veces por segundo. Esta técnica se llama óptica activa. Cualquier desviación, por leve que sea, envía instrucciones a los actuadores para que opriman y levanten secciones del espejo en incrementos no superiores a 1/10,000 del espesor de un cabello humano.

Esta página, arriba:
El tamaño de los telescopios ha sido limitado ya que estos deben ser transportados por las carreteras hacia los observatorios.

Esta página, abajo:
Michael Best mide espejos hegaxonales en bruto fabricados con vidrio de muy baja expansión para el espejo del Telescopio Nacional del Japón en Mauna Kea, Hawai.

Probablemente, el límite para el tamaño de un espejo es de 300 pulgadas (8 m) de ancho, aproximadamente el tamaño de una piscina casera. Un espejo de mayor tamaño sería demasiado difícil de controlar. Necesitaría muchos más actuadores y tardaría más tiempo en enfriarse para llegar a la temperatura de funcionamiento nocturna.

A comienzos de la década de 1980, el astrónomo Jerry Nelson de la Universidad de California en Berkeley propuso construir un telescopio que utilizara muchos espejos pequeños, como si se cubriera un piso con azulejos individuales. Nelson pensaba que los espejos serían más livianos y baratos de tallar y estarían conectados entre sí mediante un sistema controlado por computadora que los mantendría perfectamente alineados. El diseño de Nelson requirió una producción en masa de 36 espejos hexagonales de 70 pulgadas (1.8 m) de ancho. Este diseño facilitó el transporte del espejo que se fundió en Alemania, se pulió en California y Massachusetts, ¡y se envió a Hawai por Federal Express!

A diferencia de los azulejos, donde cada pieza tiene exactamente la misma forma, las piezas del espejo son como un enorme rompecabezas donde no hay dos piezas iguales. Imagina algo como un tazón poco profundo. Si rompes cada pieza tendrías una curva levemente diferente de la de todas las demás piezas, dependiendo de la distancia desde el centro del tazón. Si volvieras a pegar las piezas, el plato recuperaría su forma, aun cuando las piezas individuales fueran irregulares.

Tallar y pulir cada hexágono hasta lograr su forma era una tarea muy difícil. Pero Nelson y sus colegas refinaron una técnica llamada pulido por tensiones. Cada vidrio en bruto se combaba mediante fuerzas aplicadas a agarraderas sujetadas a su parte inferior. Posteriormente el vidrio era tallado y pulido hasta alcanzar la forma de un espejo normal. Cuando los técnicos del espejo "sueltan" el vidrio combado, éste regresa a la forma que le corresponde en el rompecabezas.

TRASLADO DEL TELESCOPIO

Un gran telescopio es una construcción enorme y al mismo tiempo delicada. ¡Los telescopios más grandes pesan casi 300 toneladas! Una de las mayores dificultades es lograr que esta estructura se desplace suavemente y con precisión. El telescopio debe montarse de forma que el espejo pueda girar fácilmente sobre su eje para seguir el movimiento de las estrellas. El eje de la Tierra apunta en la dirección de la Estrella Polar. El eje de rotación del telescopio también debe apuntar a la Estrella Polar. Esto es fácil para los telescopios de aficionados, pero muy complicado para los de mayor tamaño. El telescopio que pivota lentamente en torno a su eje inclinado produce enormes tensiones que sólo pueden superarse haciendo un telescopio macizo y muy costoso. Una manera mucho más simple de mover un telescopio es hacer que el tubo pivote hacia arriba y hacia abajo, y rote sobre una plataforma como de carrusel. El problema es que es difícil mantener un telescopio apuntado a una estrella. Pero gracias a las computadoras, este complejo movimiento puede controlarse con facilidad, y todos los grandes telescopios tienen monturas como las de los cañones de artillería. Esto dio pie a la construcción de telescopios mucho más grandes y relativamente livianos.

NUEVOS ESPEJOS GIGANTES

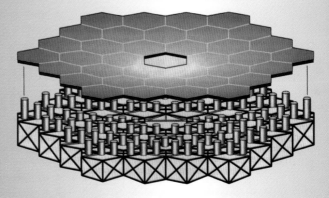

Los espejos segmentados, como el propuesto por Jerry Nelson, incorporan una gran cantidad de pequeños espejos finos que resultan más fáciles de construir que un espejo de gran magnitud. Controles motorizados mantienen alineados los segmentos para formar una imagen.

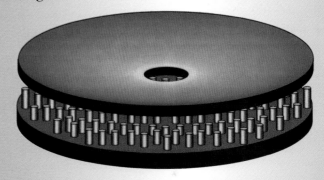

Otra innovación que permite crear espejos de mayor tamaño son los espejos menisco. Estos espejos son sólidos pero demasiado finos como para soportar su propio peso. Un dispositivo mecánico los ajusta de manera que siempre se doblan en la forma correcta.

Los espejos panal consisten de una fina superficie reflectante sobre estructuras de vidrio. Estos espejos son rígidos pero muy ligeros, debido a que cada célula del panal se rellena con aire en lugar de con cristal sólido.

Una mirada brillante

A pesar del crecimiento en el tamaño del telescopio, los astrónomos tenían el problema de la falta de nitidez de las imágenes. Cuando miraban la imagen de una estrella centelleante, se daban cuenta de que realmente estaban mirando una imagen dispersa y desdibujada por la turbulencia atmosférica. Esto ocurre porque la luz viaja a través de bolsas de aire a temperaturas diferentes. Las celdas de aire actúan como lentes y desvían la luz. Esto hace que la luz avance en zigzag por la atmósfera y que parezca que las estrellas centellean. Los astrónomos tenían que reconstruir la imagen de una estrella antes de completar su recorrido a través del telescopio. Pensaron que un espejo de "goma" podría captar la imagen "reluciente" y volver a unificarla.

La clave de este sistema, llamado óptica adaptativa, es un sensor luminoso especial que sigue rápidamente la luz de la estrella. Al menos veinte veces por segundo, el sensor envía instrucciones a diminutos actuadores detrás del espejo. Los actuadores doblan el espejo en la dirección exactamente opuesta a la distorsión. Esto permite recomponer la imagen de la estrella, concentrando toda la luz en un pequeño punto en vez de en una mancha desdibujada y difusa.

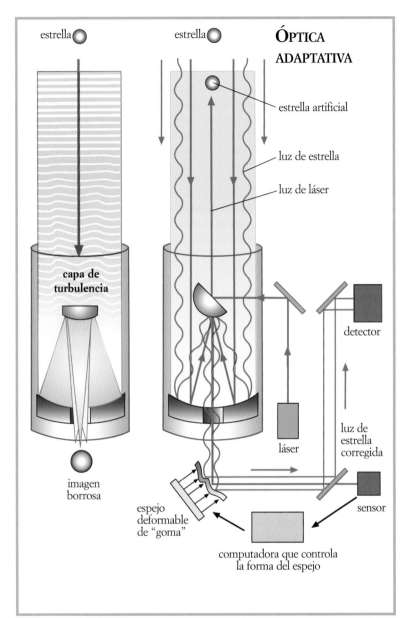

ÓPTICA ADAPTATIVA

estrella · estrella · estrella artificial · luz de estrella · luz de láser · capa de turbulencia · imagen borrosa · detector · láser · luz de estrella corregida · espejo deformable de "goma" · sensor · computadora que controla la forma del espejo

ESTRELLAS ARTIFICIALES

Para funcionar satisfactoriamente, los sistemas de óptica adaptativa necesitan una estrella relativamente brillante en el campo visual del telescopio. El problema es que las estrellas brillantes no están siempre cerca de un objetivo celeste. Los astrónomos han inventado una manera ingeniosa de hacer una estrella artificial, y colocarla en el cielo cada vez que se les ocurra. Para esto se disparan rayos láser sobre una delgada capa en la atmósfera. El láser rebota contra esta capa a una altura de 55 millas (90 km) de distancia. Una vez reflejado, el láser vuelve al telescopio perforando las mismas celdas que distorsionan la luz de la estrella, de modo que el rayo dibuja la estrella.

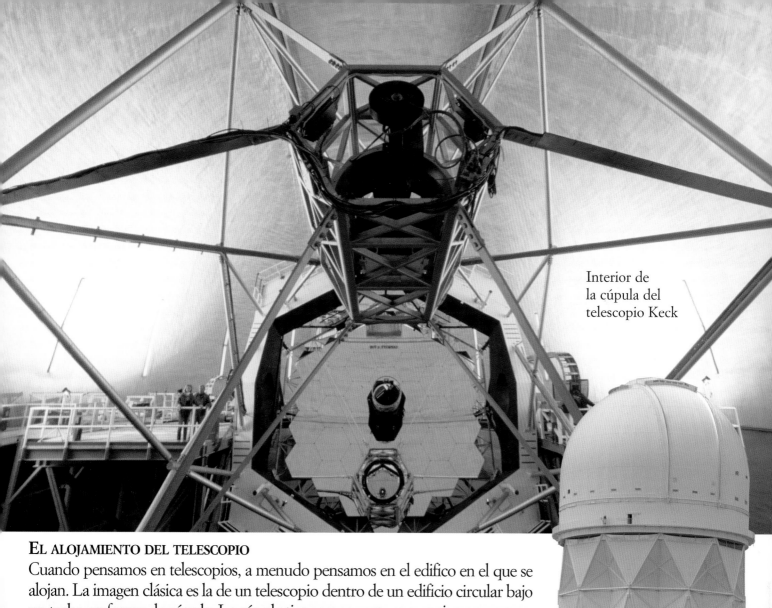

Interior de
la cúpula del
telescopio Keck

EL ALOJAMIENTO DEL TELESCOPIO

Cuando pensamos en telescopios, a menudo pensamos en el edifico en el que se alojan. La imagen clásica es la de un telescopio dentro de un edificio circular bajo un techo en forma de cúpula. La cúpula tiene una puerta que se cierra para proteger al telescopio contra la lluvia. La cúpula debe girar también en un círculo completo y esto puede resultar muy costoso. Los ingenieros que construyeron el Telescopio Nueva Tecnología encontraron un método muy ingenioso que les permite rotar el edificio entero, como un carrusel. Las cúpulas más recientes se han diseñado para permitir que el aire exterior fluya fácilmente en torno a la cúpula a fin de reducir la turbulencia del aire que desdibujaría la luz de las estrellas. Uno de los observatorios más aerodinámicos es la cúpula del telescopio Mayall de 158 pulgadas (4 m) en Arizona.

Cuando los astrónomos comenzaron a usar detectores de CCD, se dieron cuenta de que la cúpula presentaba otros problemas. Las breves exposiciones del CCD revelaron que había turbulencia dentro de la cúpula. Algunas cúpulas modernas están ventiladas por un sistema de alerones que soplan viento sobre el espejo del telescopio. Esto impide que el aire que sube se forme justamente encima de la superficie del telescopio. Los motores de la cúpula son enfriados con agua para evitar la acumulación de calor dentro del edificio. Las cajas electrónicas ubicadas sobre el telescopio están aisladas y enfriadas. El edificio, las plataformas de hormigón y el estacionamiento en torno al telescopio se pintan de blanco brillante para que la luz solar se refleje hacia afuera, a fin de reducir la cantidad de calor que se acumula durante el día.

Arriba: El telescopio aerodinámico Mayall de Kitt Peak se encuentra aproximadamente a 7,000 pies (2,134 m) sobre el nivel del mar.

Página opuesta, abajo: Un rayo láser se envía cerca del cuerpo celeste que el astrónomo desea observar.

El Telescopio Espacial Hubble

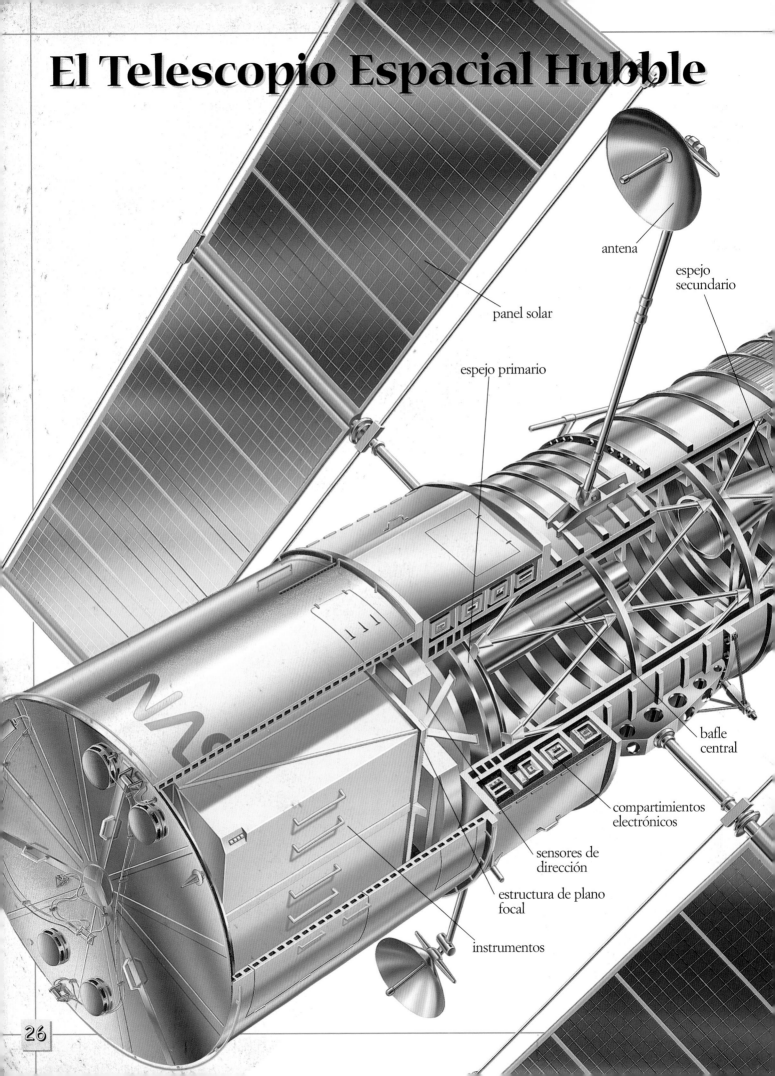

antena

espejo
secundario

panel solar

espejo primario

bafle
central

compartimientos
electrónicos

sensores de
dirección

estructura de plano
focal

instrumentos

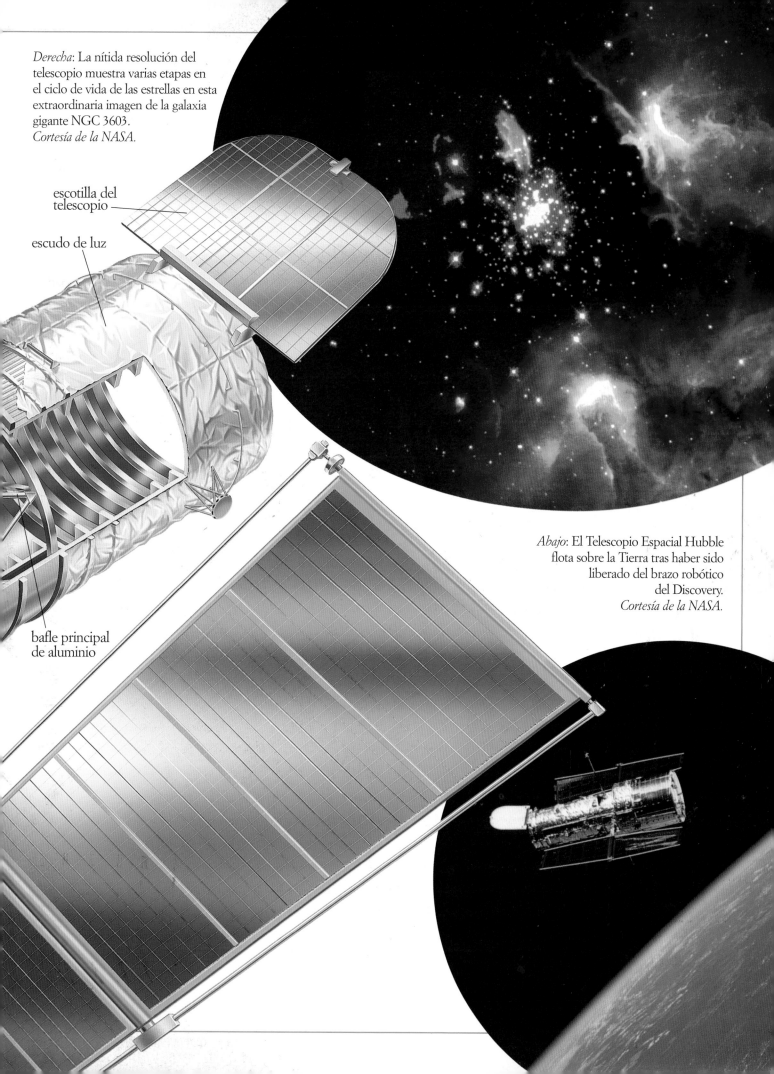

Derecha: La nítida resolución del telescopio muestra varias etapas en el ciclo de vida de las estrellas en esta extraordinaria imagen de la galaxia gigante NGC 3603.
Cortesía de la NASA.

escotilla del telescopio

escudo de luz

bafle principal de aluminio

Abajo: El Telescopio Espacial Hubble flota sobre la Tierra tras haber sido liberado del brazo robótico del Discovery.
Cortesía de la NASA.

Estructura del Hubble

El Telescopio Espacial Hubble será recordado por mucho tiempo como el telescopio que revolucionó la forma de observar el universo, revelando deslumbrantes imágenes de estrellas y galaxias impensables para la imaginación humana. El Hubble es el primer gran telescopio infrarrojo-óptico-ultravioleta que se coloca en órbita alrededor de la Tierra. Desde esta privilegiada posición, el Hubble nos ha proporcionado información que durante muchos años fue inalcanzable, como el estudio de los campos profundos en los hemisferios norte y sur del cielo. Los campos profundos son áreas tan remotas en el espacio que nunca antes habían sido observadas.

El corazón del telescopio es un espejo de 94.5 pulgadas (2.4 m), uno de los espejos ópticos más lisos que se haya pulido hasta el presente. Está hecho de vidrio de sílice fundido y pesa unas 1,800 libras (816.5 kg.). El espejo del telescopio Hubble está montado como un sandwich. El espejo pulido, de sólo 3 pulgadas (7.6 cm) de espesor, está conectado a una estructura de soporte en forma de huevo y a una segunda placa trasera de vidrio. A diferencia de los telescopios terrestres, los astrónomos no pueden ver el universo a través de las lentes del Hubble. Son, en cambio, los instrumentos electrónicos del telescopio los que actúan como los ojos de los astrónomos. Estos instrumentos incluyen cámaras y espectógrafos. Las cámaras no usan película fotográfica sino sensores electrónicos como los de las cámaras de video. Los espectógrafos reúnen información al separar la luz de los astros en un arco iris de color, tal y como lo hace un prisma con los rayos solares. Al estudiar estos colores, los astrónomos pueden conocer la temperatura, movimiento, composición y edad de las estrellas. El Hubble es del tamaño de un autobús y parece una torre de cinco pisos de latas de plata. Cada lata contiene instrumentos: espejos de enfoque, computadoras y controles de dirección. En la parte exterior, cuenta con paneles solares para generar electricidad y antenas de comunicación con controles terrestres.

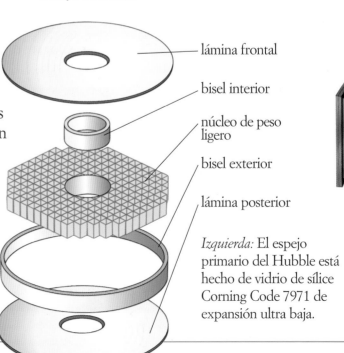

área de equipamiento

unidad de interfase digital

anillo de reacción

sistema de comunicación

computadora

antena

interfase umbilical

sensores solares

high-gain antena

armazón delantero

control de la batería

puerta de acceso

obenque de popa

ESPEJO PRIMARIO

lámina frontal

bisel interior

núcleo de peso ligero

bisel exterior

lámina posterior

Izquierda: El espejo primario del Hubble está hecho de vidrio de sílice Corning Code 7971 de expansión ultra baja.

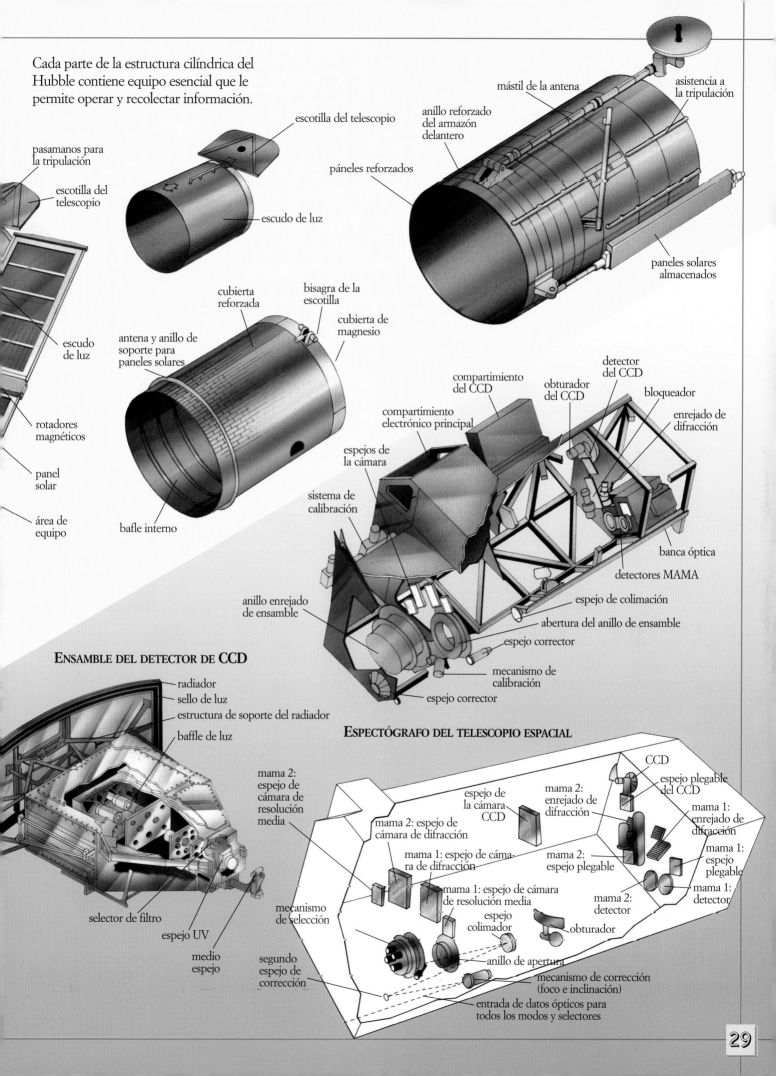

Cada parte de la estructura cilíndrica del
Hubble contiene equipo esencial que le
permite operar y recolectar información.

escotilla del telescopio

mástil de la antena

asistencia a
la tripulación

anillo reforzado
del armazón
delantero

páneles reforzados

pasamanos para
la tripulación

escotilla del
telescopio

escudo de luz

escudo
de luz

paneles solares
almacenados

cubierta
reforzada

bisagra de la
escotilla

cubierta de
magnesio

antena y anillo de
soporte para
paneles solares

rotadores
magnéticos

compartimiento
del CCD

detector
del CCD

obturador
del CCD

bloqueador

enrejado de
difracción

panel
solar

compartimiento
electrónico principal

espejos de
la cámara

área de
equipo

bafle interno

sistema de
calibración

banca óptica

detectores MAMA

anillo enrejado
de ensamble

espejo de colimación

abertura del anillo de ensamble

espejo corrector

mecanismo de
calibración

espejo corrector

ENSAMBLE DEL DETECTOR DE CCD

radiador
sello de luz
estructura de soporte del radiador
baffle de luz

ESPECTÓGRAFO DEL TELESCOPIO ESPACIAL

CCD

espejo plegable
del CCD

mama 2:
espejo de
cámara de
resolución
media

mama 2:
enrejado de
difracción

espejo de
la cámara
CCD

mama 1:
enrejado de
difracción

mama 2: espejo de
cámara de difracción

mama 1: espejo de cáma-
ra de difracción

mama 2:
espejo plegable

mama 1:
espejo
plegable

mama 1: espejo de cámara
de resolución media

mama 2:
detector

mama 1:
detector

selector de filtro

mecanismo
de selección

espejo
colimador

espejo UV

obturador

medio
espejo

anillo de apertura

segundo
espejo de
corrección

mecanismo de corrección
(foco e inclinación)

entrada de datos ópticos para
todos los modos y selectores

29

Sellos de correos con
imágenes del Hubble en honor
al atrónomo Edwin Powell Hubble.
Cortesía de la NASA.

Historia del Hubble

Arriba: Girando alrededor de la Tierra a una altitud de 356 millas náuticas (659 km), los astronautas F. Story Musgrave (arriba) y Jeffrey A. Hoffman utilizan el sistema de manipulación remota del transbordador espacial *Endeavor* para completar la quinta misión en el exterior del Hubble. Al fondo de la fotografía se puede observar la costa oeste de Australia.

UN ACCIDENTADO CAMINO HACIA LAS ESTRELLAS

El físico Lyman Spitzer de la Universidad de Princeton propuso un telescopio espacial a finales de la década de los cuarenta. En respuesta, la NASA lanzó varios telescopios espaciales pequeños a finales de los años sesenta y pensaba montar un espejo de 118 pulgadas (3 m) llamado el Gran Telescopio Espacial ("LST" por sus siglas en inglés). Pero debido a los problemas de financiamiento, el espejo se redujo a 7.87 pies (2.4 metros). La idea del telescopio se propuso al Congreso como una valiosa carga para el transbordador espacial que acababa de ser construido. Esto determinó el diseño del telescopio, debido a que tendría que caber en la plataforma de carga del transbordador y recibir mantenimiento por parte de los astronautas. Esto significaba que el telescopio tenía que colocarse en una órbita terrestre baja, a una altura de 360 millas (508 km). Pero este no es el lugar ideal para la observación debido a que la Tierra bloquea la visión del cielo.

A comienzos de la década de los ochenta, la construcción del telescopio incurrió en graves excedentes del presupuesto. Esto hizo que los ingenieros ahorraran en las pruebas del diseño y el sistema óptico del telescopio. Esto provocaría un error que pondría a la NASA en una difícil posición cuando se descubrió una falla en su sistema óptico.

EL DIAGRAMA MUESTRA LA MANERA EN QUE LOS CIENTÍFICOS SE COMUNICAN CON EL HUBBLE

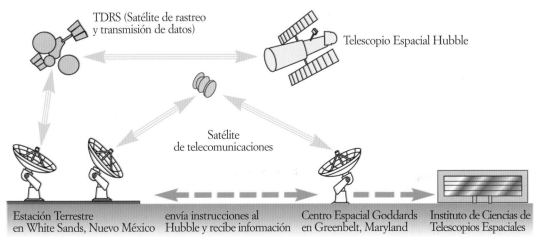

TDRS (Satélite de rastreo y transmisión de datos)

Telescopio Espacial Hubble

Satélite de telecomunicaciones

Estación Terrestre en White Sands, Nuevo México

envía instrucciones al Hubble y recibe información

Centro Espacial Goddards en Greenbelt, Maryland

Instituto de Ciencias de Telescopios Espaciales

Tras el lanzamiento del Hubble en 1990, los científicos descubrieron que su espejo primario era demasiado plano en el borde. Esto distorsionaba la luz de las estrellas debido a que el telescopio no podía enfocar toda la luz. Usando técnicas de procesamiento de imágenes, los científicos pudieron substraer gran parte de la imagen borrosa, pero sólo para objetos moderadamente brillantes y relativamente cercanos. Aun así, las imágenes del Hubble seguían siendo superiores a las de los telescopios terrestres. Por lo tanto, los científicos podían hacer investigaciones importantes mientras se lograra reparar.

Mientras la NASA y los astrónomos se esforzaban por encontrar una solución, los gerentes de la NASA comunicaron al Congreso que las capacidades de dar servicio del transbordador espacial ofrecían un especie de "póliza de seguro" para el Hubble. Los instrumentos de sustitución podían equiparse con lentes correctivas para compensar la visión borrosa del espejo primario. Era como poner lentes de contacto a una persona con visión deficiente.

Riccardo Giacconi, el director del Instituto de Ciencias de Telescopios Espaciales, convocó a un panel de astrónomos para considerar todas las posibilidades de arreglo del Hubble. La mejor idea la inspiró la ducha de un hotel europeo. El ingeniero Jim Crocker estaba fascinado por el diseño de la cabeza de la ducha, que a diferencia de las duchas estadounidenses, podía inclinarse y rotar hacia arriba, hacia abajo y hacia los costados. Croker imaginó que pequeños espejos podrían pivotar e inclinarse para captar la luz del espejo primario del Hubble. Crocker encabezó el diseño del "reemplazo del eje del telescopio espacial mediante óptica correctiva" (COSTAR, por sus siglas en inglés). Los espejos del tamaño de una moneda del COSTAR estarían deformados en la dirección opuesta de la falla del espejo primario. Esto significa que reconstruirían la luz del espejo primario del Hubble de modo que produjera un foco nítido. En diciembre de 1993, la primera misión de servicio del Hubble llevó los instrumentos de reemplazo, incluido el COSTAR, a bordo del transbordador espacial Endeavor para arreglar el telescopio.

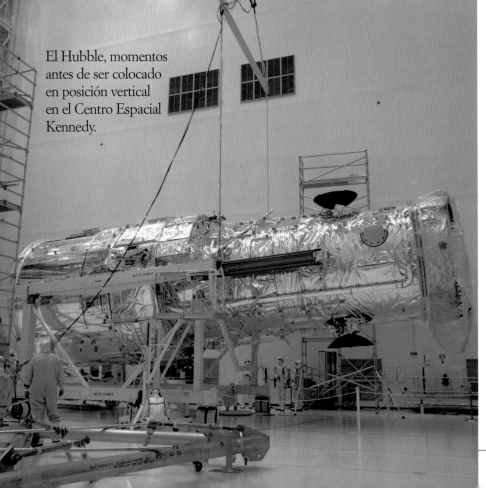

El Hubble, momentos antes de ser colocado en posición vertical en el Centro Espacial Kennedy.

Subaru y Gemini

EL TELESCOPIO SUBARU EN HAWAI

El telescopio japonés Subaru es un telescopio infrarrojo óptico instalado en Mauna Kea, Hawai. El Subaru se distingue por tener el espejo de una sola pieza más grande que se haya confeccionado hasta ahora. El espejo de 326 pulgadas (8.3 m) tiene sólo 10 pulgadas (30 cm) de espesor. Doscientos sesenta y un pequeños actuadores, el número más alto en cualquier espejo individual, permiten que el delgado espejo conserve su forma. Llevó cuatro años terminar la fabricación del espejo primario, incluida la perforación de 261 orificios para los actuadores en la superficie trasera y el pulido de la superficie delantera.

Su edificio tiene forma cilíndrica, como lata de refresco, en vez de forma de cúpula. El edificio se desarrolló a partir de simulaciones de computadora que calculan la tensión de los vientos en la cima de la montaña. La forma cilíndrica impide que entre el aire exterior caliente y turbulento. También permite que el aire caliente del interior del edificio escape rápidamente hacia el frío de la noche que envuelve el telescopio.

Abajo: Uno de los instrumentos más importantes del Telescopio Subaru es el COMICS (*Cooled Mid Infrared camera and Spectrometer*), que registra luz en la mitad del espectro infrarrojo.

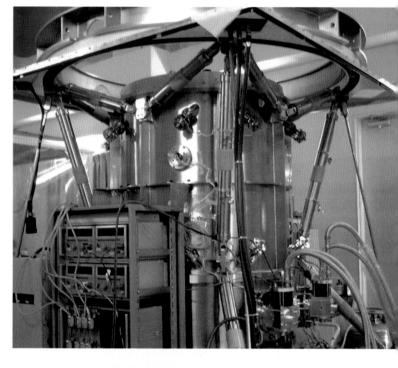

LOS TELESCOPIOS GEMELOS GEMINI

Un par de telescopios idénticos de 315 pulgadas (8 m) escudriñan cielos septentrionales y meridionales para detectar luz óptica e infrarroja. Gemini-Norte está situado en la cima de Mauna Kea, Hawai. Su gemelo, Gemini-Sur, está en Cerro Pachón en el norte de Chile. Al igual que otros telescopios gigantes, el espejo primario de los Gemini se apoya sobre 120 actuadores circulares del tamaño de tazas de café que suben y bajan individualmente al espejo primario. Los Gemini también usan óptica adaptativa. En el corazón del sistema se encuentra un espejo flexible de 3 pulgadas (7.6 cm) que cambia de forma 1,000 veces por segundo para contrarrestar la borrosidad de la luz de las estrellas y proporcionar imágenes extremadamente nítidas. Ambos funcionan juntos para dar una imagen completa del cielo.

Izquierda: Interior de la cámara de enfoque prmario del Subaru con 6 CCO instalados.

Abajo: Pruebas en el espejo primario del Subaru. Pueden observarse los 261 actuadores que soportan el espejo primario.

Fotografías cortesía del Observatorio Subaru.

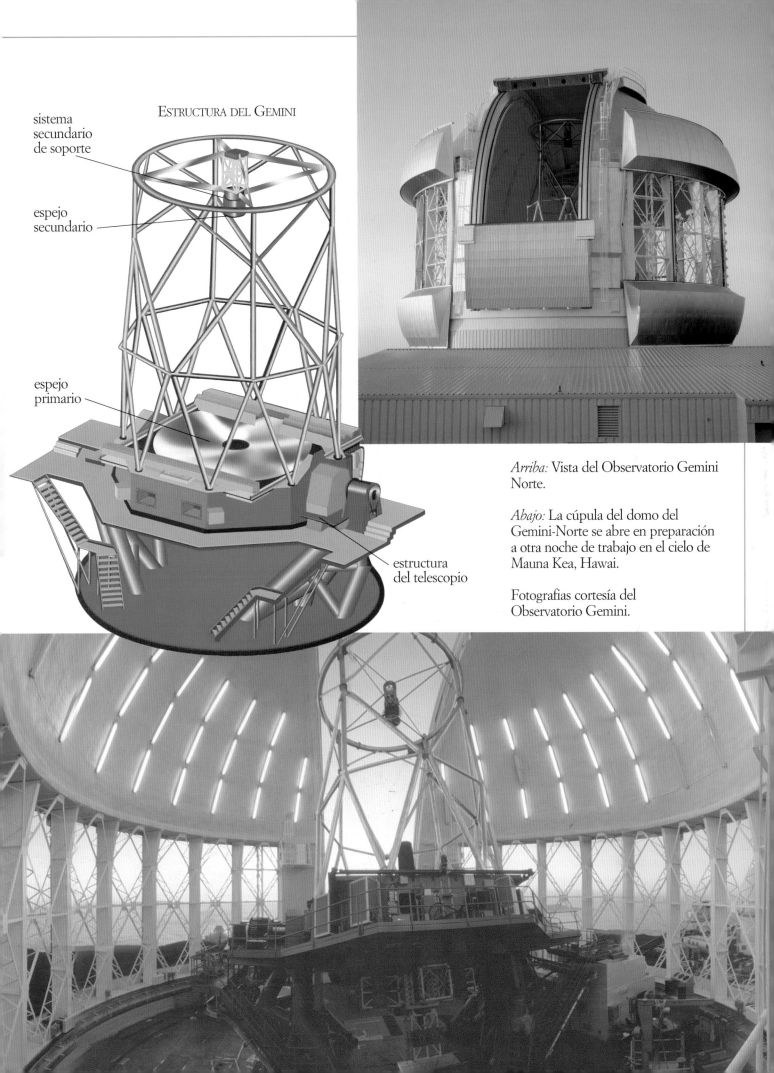

ESTRUCTURA DEL GEMINI

sistema
secundario
de soporte

espejo
secundario

espejo
primario

estructura
del telescopio

Arriba: Vista del Observatorio Gemini Norte.

Abajo: La cúpula del domo del Gemini-Norte se abre en preparación a otra noche de trabajo en el cielo de Mauna Kea, Hawai.

Fotografías cortesía del Observatorio Gemini.

El Hobby-Eberly, los telescopios robóticos y los Keck I y II

HOBBY-EBERLY

Situado en la sierra de Davis al oeste de Texas, el Hobby-Eberly cuenta con el espejo primario multisegmentado más grande del mundo, con 433 pulgadas (11 m) de un extremo al otro. Debido a la manera en que se utiliza el telescopio, solamente 362 pulgadas (9.2 m) de su superficie colectan la luz de las estrellas, lo que lo convierte en el tercer telescopio más grande del mundo. Para reducir el costo y la complejidad de orientar un telescopio tan grande, el Hobby-Eberly no gira hacia arriba y abajo como un cañón. En cambio, realiza una rotación de 360 grados sobre cojinetes de aire en un enorme embarcadero plano de hormigón.

Izquierda: Dibujo de la estructura del Telescopio Hobby-Eberly.

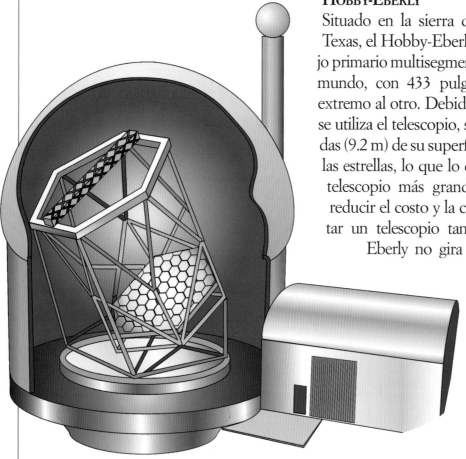

KECK II

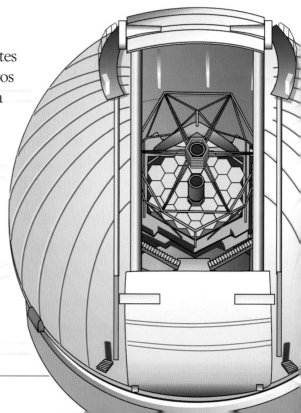

TELESCOPIOS ROBÓTICOS

A los astrónomos les resulta difícil ver ciertos fenómenos celestes imprevistos, tales como estrellas que explotan, cometas o agujeros negros que entran en erupción. El astrónomo habitualmente pasa sólo unas noches por año mirando una selección de objetivos celestes. Para no perder los grandes acontecimientos, se han construido telescopios robóticos que actúan como las cámaras de vigilancia de una tienda de departamentos. Solos y abandonados en las cimas de las montañas, estos telescopios patrullan el cielo a la pesca de cambios que pueden ocurrir en los rincones más lejanos del universo. Se mueven con rapidez y precisión, y exploran los cielos con ayuda de su propia computadora y sus mapas astronómicos. El más grande de todos hasta el momento es el telescopio robótico de Liverpool, de 78 pulgadas (2 m), situado en La Palma, una de las Islas Canarias. El centro de control está a 2,000 millas (3,200 km) en el Reino Unido.

LOS TELESCOPIOS KECK DE HAWAI

Semejantes a un par de ojos de mosca mutante, los telescopios Keck son los reyes de la montaña en Mauna Kea, Hawai. El telescopio Keck I, que costó 87 millones de dólares y el Keck II, que costó 77, se construyeron como empresa conjunta entre el Instituto de Tecnología de California de la Universidad de California, y la Fundación W.M. Keck de Los Ángeles. Cada telescopio tiene ocho pisos de altura y pesa 300 toneladas. Gigantescos acondicionadores de aire funcionan constantemente durante el día, manteniendo la temperatura de la cúpula en el punto de congelación. Por la noche, cuando la cúpula está abierta, y se exponen los telescopios al aire nocturno, éstos ya están a la misma temperatura del exterior. Durante la observación, ¡un sistema de sensores y actuadores controlados por computadora ajustan la posición de cada uno de los treinta y seis segmentos de espejo en cada telescopio! Este ajuste, que se realiza dos veces por segundo, contrarresta el movimiento de la gravedad sobre el inmenso conjunto del espejo. La luz colectada por los telescopios Keck se combina para proporcionar una nitidez equivalente a la de un telescopio de 278 pies (85 m). Para mejorar aun más la nitidez, se colocan cuatro telescopios más pequeños de 6 pies (1.8 m) a su alrededor. Un sofisticado sistema óptico combina con gran precisión la luz recibida simultáneamente por los seis telescopios.

Abajo: La luz que llega al telescopio es concentrada por el espejo primario curvo, reflejada a los espejos secundario y terciario, y luego reflejada a los instrumentos ópticos. En observación infrarroja, un espejo secundario especial refleja la luz directamente hacia los instrumentos infrarrojos, reemplazando a un tercer espejo óptico.

KECK I

almacén de espejos

cuarto para
aplicar aluminio

limpieza de los espejos

computadora del Keck II

cuarto de control del Keck II

luz que
llega al
telescopio

espejo
secundario

espejo
terciario

foco
Nasmyth

foco
Cassegrain

espejo primario
de 36 segmentos

El Telescopio Muy Grande y el Gran Telescopio Binocular

Entre las características más interesantes del VLT se encuentra la posibilidad de utilizarlo como interferómetro. Con sus cuatro grandes telescopios, y dos o tres auxiliares de menor tamaño, el VLT tendrá el poder de visión y la resolución de imagen equivalente a la de un telescopio de 656 pies (200 m) de diámetro.

Abajo: Construcción del VLT en un enorme hangar en Milán, Italia. *Cortesía de ESO.*

Izquierda: La cumbre del Cerro Paranal con cuatro telescopios VLT.

El Telescopio Muy Grande

Como una versión moderna de una antigua ciudad azteca, el observatorio óptico más poderoso del mundo es el Telescopio Muy Grande ("VLT" por sus siglas en inglés). La magnífica hilera de cuatro edificios de observatorios gigantes se levanta como centinelas silenciosos en la cima de 8,635 pies (2,632 metros) del Cerro Páranal, al sur de Antofagasta, Chile.

Cada uno de los cuatro telescopios tiene un espejo gigante de 314 pulgadas (8 m). La compañía Schott Glaswerke de Mainz, Alemania, construyó por centrifugado los espejos utilizando un vidrio de expansión extremadamente baja que permite que el espejo conserve su forma durante los cambios de temperatura. *REOSC Optics* de Francia pulió los espejos que no tienen más de unas 8 pulgadas (20 cm) de espesor, pesan unas 50,000 libras (18 t) y se apoyan en un soporte que se ajusta continuamente para dar lugar a cualquier flexión. Los telescopios se llaman Antu, Kueyen, Melipal y Yepun, los nombres del Sol, la Luna, la Cruz del Sur, y la estrella Sirio, en el idioma indio local. Cuando es necesario, se combina la luz de cuatro espejos gigantes dando al VLT mayor capacidad para captar luz y obtener nitidez. Si nuestros ojos pudieran ven tan nítidamente como estos telescopios, podríamos ver los faros de un automóvil a 400,000 millas (644,000 km) de distancia, ¡más de 1.5 veces la distancia de la Tierra a la Luna!

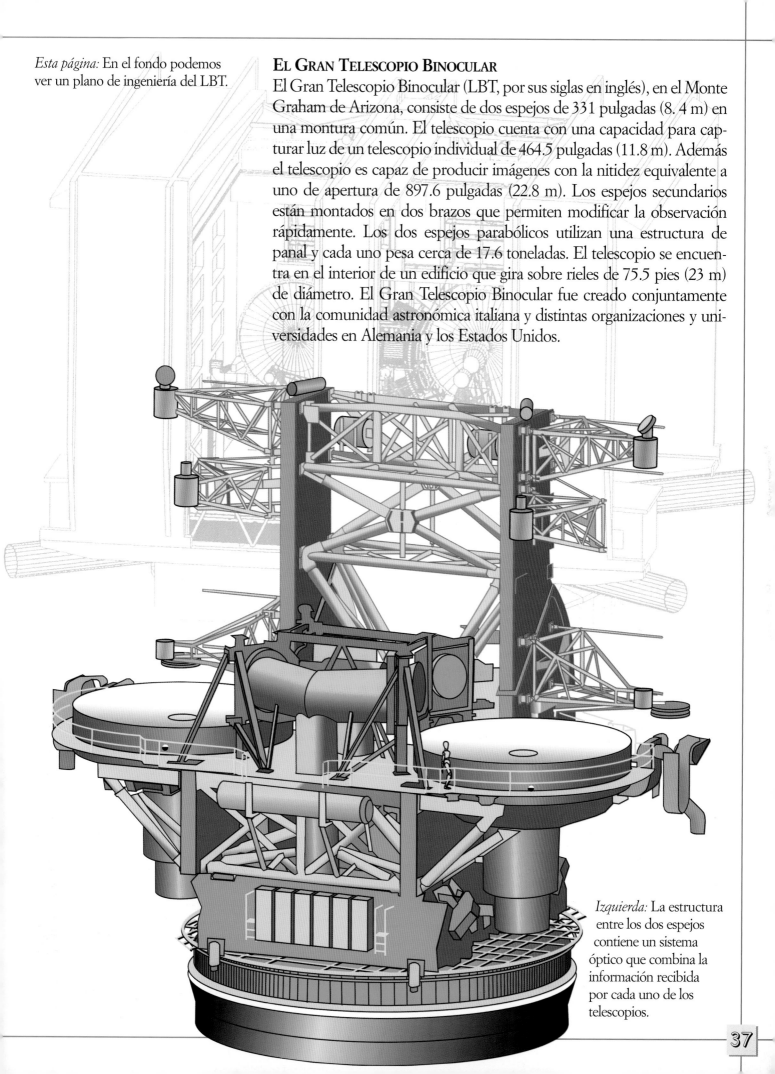

Esta página: En el fondo podemos ver un plano de ingeniería del LBT.

EL GRAN TELESCOPIO BINOCULAR

El Gran Telescopio Binocular (LBT, por sus siglas en inglés), en el Monte Graham de Arizona, consiste de dos espejos de 331 pulgadas (8. 4 m) en una montura común. El telescopio cuenta con una capacidad para capturar luz de un telescopio individual de 464.5 pulgadas (11.8 m). Además el telescopio es capaz de producir imágenes con la nitidez equivalente a uno de apertura de 897.6 pulgadas (22.8 m). Los espejos secundarios están montados en dos brazos que permiten modificar la observación rápidamente. Los dos espejos parabólicos utilizan una estructura de panal y cada uno pesa cerca de 17.6 toneladas. El telescopio se encuentra en el interior de un edificio que gira sobre rieles de 75.5 pies (23 m) de diámetro. El Gran Telescopio Binocular fue creado conjuntamente con la comunidad astronómica italiana y distintas organizaciones y universidades en Alemania y los Estados Unidos.

Izquierda: La estructura entre los dos espejos contiene un sistema óptico que combina la información recibida por cada uno de los telescopios.

El universo invisible

RADIOTELESCOPIOS

Las películas como "Contacto" hacen que la gente piense en sonidos cuando ve una foto de un radiotelescopio. En realidad, los radio astrónomos no escuchan ruidos. Las ondas sonoras y radiales son dos fenómenos diferentes. El sonido consiste en variaciones en la presión del aire o del agua y no viaja por el vacío del espacio. Cuando encendemos la radio, escuchamos sonidos porque el transmisor de la emisora codifica las ondas radioeléctricas para que puedan llevar información. Los radiotelescopios tienen como objeto producir imágenes de los cuerpos celestes. De la misma manera en que la película fotográfica registra las diferentes cantidades de luz que proceden de las diferentes partes de la escena, los radiotelescopios registran las diferentes cantidades de energía radioeléctrica que llegan desde el universo. Después de que una computadora procesa esta información, los astrónomos pueden confeccionar una imagen.

El diseño básico de un radiotelescopio es similar al de un telescopio óptico. Un gran disco en forma de tazón reco-

En 1895, el físico alemán Wilhelm Roentgen descubrió una nueva forma misteriosa de energía a la que llamó rayos X. Se dio cuenta de que esta poderosa radiación tenía la capacidad de atravesar muchos materiales que bloquean la luz visible. Finalmente se comprobó que los rayos X eran tan sólo otra forma de luz, aunque mucho más energética y penetrante.

En la década de los sesenta se montaron detectores sencillos de rayos X en cohetes-sonda. Los astrónomos se sorprendieron al descubrir rayos X que se desprendían de las llamas de las estrellas, estrellas de neutrones y agujeros negros. Debido a su alta energía, los rayos X penetran los espejos, por lo que los telescopios de rayos X deben ser muy diferentes a los ópticos. El observatorio espacial de rayos X Chandra de la NASA es actualmente el telescopio de rayos X más poderoso que se haya construido. Ha realizado numerosos descubrimientos muy interesantes, incluido el hecho de que hace mucho tiempo el universo estaba lleno de monstruosos agujeros negros.

Uno de los radiotelescopios más grandes es el Very Large Array (VLA) en Nuevo México. Consistente de 27 antenas parabólicas de 81 pies (25 m) de diámetro, sus antenas se extienden en una región de más de 22 millas (35 km). Al combinar las señales de todos los telescopios, el VLA ve los objetos 1,000 veces más brillantes que un telescopio óptico.

Izquierda: Detalle del enorme tazón del radiotelescopio en Arecibo, Puerto Rico. Su inmenso plato en forma de parábola está colocado en una cuenca natural para recoger sonidos.

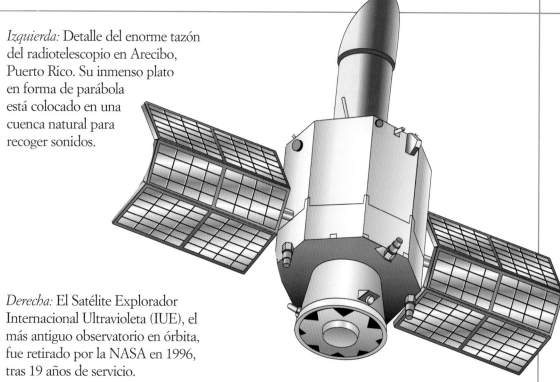

Derecha: El Satélite Explorador Internacional Ultravioleta (IUE), el más antiguo observatorio en órbita, fue retirado por la NASA en 1996, tras 19 años de servicio.

ge la radiación y la concentra en un foco para formar una imagen. Sin embargo, los radiotelescopios deben ser mucho más grandes porque buscan longitudes de ondas de radiación electromagnética más largas. Las ondas radioeléctricas miden normalmente entre 3 pies (1 m) y 0.5 milla (.8 km) de largo, mientras que las ondas luminosas miden solamente 1/10,000 de pulgada de largo. Esto significa que los radiotelescopios no necesitan una superficie en forma de tazón tan lisa como la de los telescopios ópticos, y por eso a menudo están hechos simplemente de acero y enrejado metálico.

Otra diferencia entre los telescopios ópticos y radioeléctricos es que las observaciones del radiotelescopio pueden realizarse durante todo el día. No es necesario que haya oscuridad. La energía que recogen y registran de fuentes distantes es muy débil, ¡menos que la energía liberada cuando un copo de nieve cae al suelo! El plato más grande de un radiotelescopio, construido en un valle en forma de tazón en Arecibo, Puerto Rico, mide 1,000 pies (305 m) de un lado al otro.

El Interometro de muy larga base (VLBI) consiste de diez antenas parabólicas de 82 pies (25 m) de diámetro, que se extienden entre Hawai y las Islas Vírgenes de EE.UU. ¡El VLBI es equivalente a un telescopio de casi 5,000 millas (8,046 km) de lado a lado! Para el remoto desierto de Atacama en Chile, se ha planeado un "bosque" de sesenta y cuatro antenas radio eléctricas, cada una de 39 pies (12 m) de diámetro. Estas antenas se combinarán como un gran ojo gigante que tendrá hasta 10 millas (14 km) de ancho. Los telescopios de este sistema denominado el Gran Arreglo Milimétrico de Atacama (ALMA) estudiarán el nacimiento de galaxias, la estructura de nuestro universo y el nacimiento de los planetas.

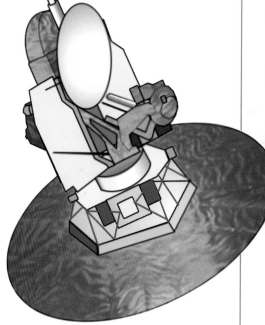

Arriba: La Sonda espacial de microondas (MAP) es una misión del Explorer de la NASA que medirá los cambios de temperatura de la radiación cósmica del universo con una gran precisión. El mapa del calentamiento restante tras el *Big Bang* responderá a las preguntas fundamentales sobre el origen del universo.

Observatorios alrededor del mundo

Encontrar el sitio para construir y operar un telescopio es una de las mayores dificultades de la astronomía. Muchas observaciones celestes requieren un clima despejado la mayor parte del año. El aire sobre el telescopio debe estar libre de turbulencia, de lo contrario el astrónomo podría esperar hasta un año para observar el mismo objetivo celeste. Aun cuando el cielo está despejado, es necesario que haya poca humedad, de lo contrario el cielo tendrá una leve bruma que reducirá la nitidez de la imagen. El vapor del agua también interfiere en las observaciones, por lo tanto, es necesario que los emplazamientos de los telescopios estén en zonas áridas. Finalmente, el lugar debe estar alejado de las luces de las grandes ciudades. Estas características sólo se encuentran en algunos sitios remotos del planeta. Con una docena de observatorios, la cima de

14,000 pies (4,139 m) de altura del volcán Mauna Kea en Hawai, es la capital mundial de la astronomía. Hawai está cerca del Ecuador y los telescopios pueden ver casi todo el cielo. A esa elevada altura (la más alta para un observatorio terrestre) hay muy poca distorsión de la atmósfera. Otro enorme volcán que se levanta a 7,000 pies (3,200 m) de altura en las Islas Canarias, es otro de los mejores lugares del mundo para la astronomía y cuenta con cuatro poderosos observatorios, incluyendo el Telescopio William Herschel de 165 pulgadas (4.2 m).

El mejor sitio de Australia para ver el cielo septentrional estrellado está situado a una altura de casi 4,000 pies (1,220 m) sobre Siding Spring Mountain, en Nueva Gales del Sur. El observatorio tiene un telescopio reflector de 153 pulgadas (3.9 m), uno de los más grandes del mundo. El Desierto de Atacama en el norte de Chile es uno de los lugares más áridos de la Tierra pero es el emplazamiento de uno de los principales observatorios, el Telescopio Muy Grande. El desierto de Sonora en Arizona es la sede del Observatorio Nacional Kitt Peak del Observatorio Nacional de Astronomía Óptica. En la cima de esta montaña de 6,875 pies (2,095 m) hay un total de veintidós telescopios ópticos y dos radiotelescopios.

Arriba: A una altura de 16,404 pies (5,000 m), el Llano de Chajnantor en el desierto de Atacama en Chile, es el sitio de mayor altura elegido para un observatorio astrofísico. El cielo claro y el aire seco son favorables tanto para la radioastronomía, como para la observación de telescopios ópticos.

Cortesía de ESO.

1 OBSERVATORIO MAUNA KEA , HAWAI, EEUU
2 OBSERVATORIO LAS CAMPANAS, CERRO LAS CAMPANAS, CHILE
3 OBSERVATORIO DEL ROQUE DE LOS MUCHACHOS,
 ISLA DE LA PALMA, ISLAS CANARIAS, ESPAÑA
4 OBSERVATORIO ESO PARANAL, CERRO PARANAL, CHILE
5 OBSERVATORIO ESO LA SILLA, LA SILLA, CHILE
6 OBSERVATORIO INTER-AMERICANO, CERRO TOTOLO, CHILE
7 OBSERVATORIO SIDING SPRING, NUEVA GALES DEL SUR,
 AUSTRALIA
8 OBSERVATORIO MCDONALD, TEXAS, EEUU
9 OBSERVATORIO FRED LAWRENCE WHIPPLE, ARIZONA, EEUU
10 OBSERVATORIO NACIONAL KITT PEAK, ARIZONA, EEUU
11 OBSERVATORIO INTERNACIONAL MT. GRAHAM, ARIZONA, EEUU
12 OBSERVATORIO PALOMAR, CALIFORNIA, EEUU
13 OBSERVATORIO DE CALAR ALTO, ESPAÑA
14 OBSERVATORIO LICK, CALIFORNIA, EEUU
15 OBSERVATORIO ASTROFÍSICO BYURAKAN, ARMENIA
16 OBSERVATORIO YERKES, WISCONSIN, EEUU
17 OBSERVATORIO ASTROFÍSICO ESPECIAL, RUSIA
18 OBSERVATORIO ASTROFÍSICO CRIMEAN, UCRANIA
19 OBSERVATORIO KARL-SCHWARZSCHILD, TAUTENBERG, ALEMANIA
20 OBSERVATORIO NACIONAL ASTRONÓMICO, ALCALÁ DE HENARES,
 ESPAÑA

Estos mapas muestran la localización de algunos de
los más importantes observatorios en el mundo. En
todos los casos, los telescopios se localizan en sitios
remotos. Un lugar aislado significa que las piezas del
telescopio deben ser transportadas por brechas y
caminos sinuosos, y que los astrónomos deben viajar
grandes distancias para hacer sus observaciones.

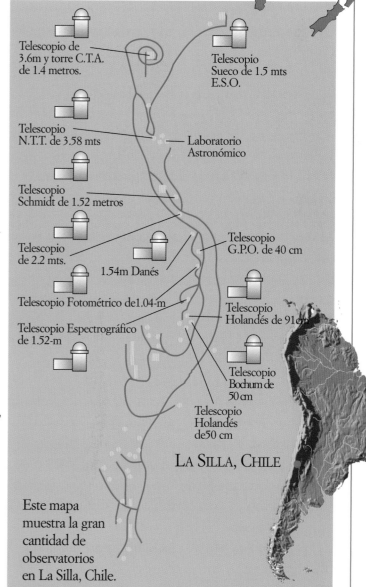

Telescopio de
3.6m y torre C.T.A.
de 1.4 metros.

Telescopio
Sueco de 1.5 mts
E.S.O.

Telescopio
N.T.T. de 3.58 mts

Laboratorio
Astronómico

Telescopio
Schmidt de 1.52 metros

Telescopio
de 2.2 mts.

1.54m Danés

Telescopio
G.P.O. de 40 cm

Telescopio Fotométrico de1.04-m

Telescopio
Holandés de 91cm

Telescopio Espectrográfico
de 1.52-m

Telescopio
Bochum de
50 cm

Telescopio
Holandés
de 50 cm

LA SILLA, CHILE

Este mapa
muestra la gran
cantidad de
observatorios
en La Silla, Chile.

El futuro

MEGATELESCOPIOS

Una dirección que podrían tomar los telescopios en el futuro es la creación de megatelescopios que llevarán la tecnología a su próximo nivel. Por ejemplo, el éxito del diseño de espejos múltiples del telescopio Keck ha abierto la puerta para telescopios terrestres aún más grandes ¡con espejos del tamaño de media cancha de fútbol! Estos megatelescopios usarán el mismo diseño de espejo segmentado que ha tenido tanto éxito en el Keck y se espera que cuesten entre quinientos y mil millones de dólares. Para que resulten costeables y prácticos, los megatelescopios necesitarán también adelantos tecnológicos que permitan producir en masa segmentos de espejos ligeros, como si fueran automóviles en una cadena de montaje. ¡Las estructuras que albergan los espejos serán tan anchas como la Torre Eiffel, y casi la mitad de altas!

Uno de estos proyectos, el Telescopio Extremadamente Grande de California (*California Extremely Large Telescope,* CELT) que tendrá 1,080 segmentos de espejo hexagonal. Aun más grande es el Telescopio Terriblemente Grande (*Overwhelmingly Large Telescope,* OWL), que se lleva a cabo en Europa y que necesitará 2,058 segmentos. Para ser construido en un plazo de tiempo razonable, el diámetro de 328 pies (100 m) del OWL debe usar "azulejos" de espejos más simples y producidos en masa que le darían una forma imperfecta y una calidad óptica deficiente. Esto tendrá que ser corregido mediante espejos adicionales que capten la luz procedente del gran espejo primario. Todos los megatelescopios necesitarán sistemas ópticos adaptativos para obtener imágenes nítidas.

TELESCOPIO ESPACIAL DE PRÓXIMA GENERACIÓN

Planeado para su lanzamiento en 2009, el Telescopio Espacial de Próxima Generación (NGST) de la NASA escudriñará los rincones del espacio para ver las primeras estrellas y galaxias nacidas en el universo. Para lograrlo debe poder colectar luz infrarroja que ha estado recorriendo el espacio desde casi el comienzo del tiempo. Esto significa poner un telescopio en el espacio que tenga un espejo de al menos 255 pulgadas (6.5 m). En el gélido espacio no será difícil mantener al NGST a los 280 grados Fahrenheit bajo cero (-173° C) necesarios para poder recoger la débil luz infrarroja. A diferencia del Hubble, el NGST no podrá actualizarse ni repararse porque los astronautas no podrán visitarlo. El telescopio estará situado en una órbita de "estacionamiento" espacial a un millón de millas (1.6 millones de km) más allá de la Tierra.

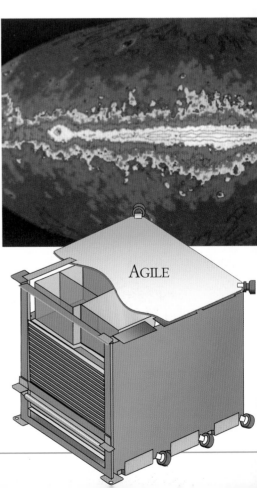

Arriba: El Telescopio Espacial de Rayos Gamma (GLAST) pertenece a la próxima generación de observatorios de su tipo. Los rayos gamma son mil millones de veces más fuertes que la radiación o la luz que percibe el ojo humano. El lanzamiento del GLAST está planeado para el año 2005, y ha sido diseñado para observar con mayor exactitud y detalle los misterios del espacio que son visibles mediante estos rayos, tales como el comportamiento de grandes agujeros negros. Además ayudará a los científicos a obtener mayor información sobre la formación del universo.

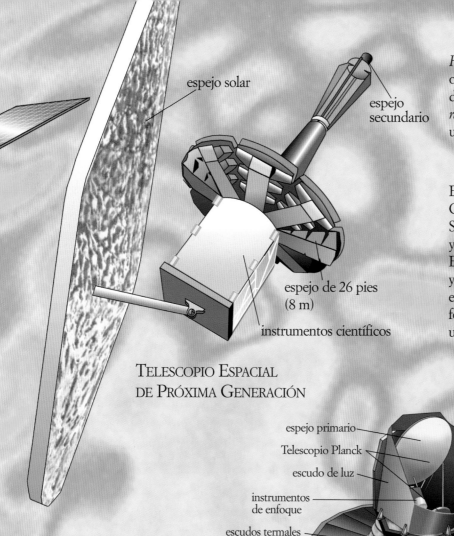

espejo solar

espejo secundario

Fondo: Imagen de nuestra galaxia obtenida del Radiómetro de microondas diferencial (*Differential Microwave radiometer,* DMR) desarrollado y utilizado por el observatorio COBE.

espejo de 26 pies (8 m)

instrumentos científicos

El Telescopio Espacial de Próxima Generación (NGST)

Será el sucesor del Telescopio Espacial Hubble y podría ser lanzado hacia el año 2007. El NGST será utilizado para descubrir y comprender la formación de las primeras estrellas, la evolución de las galaxias y la formación de los planetas. El NGST se ubicará un millón de millas mas allá de la Luna.

TELESCOPIO ESPACIAL DE PRÓXIMA GENERACIÓN

espejo primario

Telescopio Planck

escudo de luz

instrumentos de enfoque

escudos termales

interfase con FIRST

escudos del módulo de servicio

módulo de servicio

escudo solar

El Satélite Planck

VIAJANDO A LOS INICIOS DEL TIEMPO
El Satélite Planck, una misión de la Agencia Espacial Europea programada para su lanzamiento en 2007, es uno de los más ambiciosos proyectos para investigarel origen del universo. En la actualidad el Planck está siendo diseñado por astrónomos de toda Europa para resolver algunas de las grandes preguntas pendientes en la cosmografía. El satélite estudiará la radiación de microondas cósmicas al registrar las temperaturas en el cielo. El telescopio del Planck capturará la luz proveniente de las microondas cósmicas y las enfocará en dos series de detectores radiales que traducirán la señal en temperatura.

Abajo, izquierda: El telescopio italiano *Astrorivelatore Gamma a Immagini Leggero* (AGILE) comenzará a operar en 2003. Será capaz de observar fuentes de energía mil veces más débiles que los rayos gamma y establecerá de forma precisa la posición de los objetos celestes. Además, tendrá una clara visión de una quinta parte del espacio, permitiendo a la comunidad científica mundial la oportunidad de estudiar algunos de los fenómenos más violentos del Cosmos.

PROYECTO ALMA

Izquierda: Dibujo del proyecto Gran Arreglo Milimétrico de Atacama (ALMA) que se ubicará en Chile. Como el proyecto astronómico más grande del mundo, reunirá intereses europeos, estadounidenses y japoneses. ALMA se construirá entre 2002 y 2008 y consistirá de 64 antenas. La astronomía milimétrica proporciona grandes detalles sobre la historia del universo. Conforme la luz y la radiación culminan su actividad, desaparecen en radiación milimétrica y submilimétrica. ALMA será capaz de "leer" esta radiación y dar una nueva idea del universo.

Glosario

agujero negro Un objeto increíblemente macizo y denso en el espacio donde la fuerza de gravedad es tan intensa que nada, ni siquiera la luz, puede escapar.

Big Bang Gran Explosión. Teoría de que el universo nació de una bola de fuego extremadamente caliente y densa.

bisel Corte en el borde de una lámina o plancha.

cámara de vacío Un receptáculo donde se extrae la mayor parte del aire para aplicaciones de investigación o tecnológicas, tal como la aluminización del espejo de un telescopio.

campo visual Una medida de la cantidad de cielo que ve un telescopio. Muchos telescopios tienen un campo visual más pequeño que el diámetro de la Luna llena que se ve en el cielo.

carrera espacial La competencia tecnológica entre los Estados Unidos y la Unión Soviética para demostrar dominio político y militar sobre el uso del espacio.

conjunto de telescopio óptico Término que define la estructura completa que alberga todos los componentes ópticos de un telescopio.

difracción La división de la luz en sus colores componentes.

dispositivo de transferencia de carga ("CCD" por sus siglas en inglés) Una placa de silicio de estado sólido, normalmente del tamaño de un sello de correos, que convierte la luz en una señal electrónica. La señal se usa para reconstruir una imagen de la luz colectada. El CCD se divide en muchos elementos pictóricos. Cuantos más elementos, tanto más nítida es la imagen.

distancia focal La distancia que recorre un haz de luz a través de un telescopio antes de concentrarse en un foco.

divisor del haz Una pieza de vidrio plano parcialmente plateada que puede dividir la luz en haces gemelos que reflejan una parte y transmiten la otra.

espectroscopia La ciencia de analizar la luz que se ha dividido en sus colores componentes.

espectroscópio Un instrumento que divide la luz en sus colores componentes.

espejo primario El espejo más grande de un telescopio que sirve para colectar la luz de las estrellas.

espejo segmentado El espejo de un gran telescopio constituido a partir de muchas piezas más pequeñas que se tallan y pulen individualmente.

espejos meniscos Este término se refiere a un espejo extremadamente fino de pocas pulgadas de espesor pero muchos metros de diámetro.

estrella de neutrón Un núcleo extraordinariamente compacto de una estrella que ha explotado.

estrella doble Dos estrellas que orbitan juntas. La mayoría de las estrellas dobles están tan lejos que no se las puede ver individualmente.

estrella polar La estrella que está situada directamente sobre el Polo Norte. La estrella parece estar quieta cuando rota la Tierra. El nombre propio es Polaris.

fenómeno Un hecho o suceso de interés científico.

filamento Hilo de metal que se ilumina cuando lo atraviesa la electricidad.

foco El lugar donde se reúnen todos los rayos de luz colectados en un telescopio.

fundición centrifugada Término que indica la fundición de un espejo en una forma parabólica mediante rotación a medida que se enfría el vidrio.

galaxia Un gran sistema de aproximadamente 100 mil millones de estrellas. Nuestro Sol es un miembro de la Galaxia Vía Láctea. Hay miles de millones de galaxias en el universo observable.

hipérbola Una curva compleja que se emplea en los espejos de telescopios que necesitan una distancia focal más corta.

luz Aquella parte de la radiación electromagnética a la cual son sensibles nuestros ojos, o que captamos mediante el sentido de la vista.

microscópicas Las líneas que separan la luz de las estrellas para formar un espectro o los colores del arco iris.

ocular Una pequeña lente de aumento que se utiliza para ampliar la imagen en el foco de un telescopio.

óptica activa Un sistema que modifica automáticamente uno o más espejos de un telescopio para corregir la turbulencia atmosférica.

óptica adaptativa Un sistema que ajusta automática y continuamente la forma física de un espejo de telescopio para mantenerlo enfocado.

órbita El camino circular que sigue un cuerpo alrededor de un objeto que lo ha captado gravitacionalmente.

parábola Una curva precisa, matemáticamente simple, que se utiliza como la base de la mayoría de las formas de los espejos primarios.

pivotar Acción de girar u oscilar

planeta extrasolar Un planeta que gira alrededor de una estrella diferente de nuestro Sol. Hasta ahora se conocen 55 planetas extrasolares. Todos ellos son muchas veces más macizos que la Tierra.

polución luminosa El resplandor de la luz de las ciudades que interfiere en las observaciones telescópicas.

quásar o cuásar Un objeto brillante y muy distante que se considera un agujero negro gigante en el centro de una galaxia.

radiación electromagnética Ondas de energía, desde rayos gamma hasta energía radioeléctrica, que recorre el espacio. Se crean dentro de los átomos.

reflector Un telescopio que utiliza un espejo cóncavo para colectar la luz.

refracción La desviación de la luz de las estrellas por el vidrio u otro medio transparente.

refractor Un telescopio que utiliza una lente para colectar luz.

rejilla de difracción Un espejo que ha sido finamente tallado con muchas líneas paralelas.

satélite Un objeto, natural o artificial, que orbita en torno a un planeta.

sílice Compuesto químico formado por la combinación de un átomo de silicio y dos de oxígeno.

soldar El proceso de unir cosas diferentes, generalmente mediante la fundición de metal para unir otras piezas metálicas.

Sputnik El nombre del primer satélite artificial que se colocó en una órbita alrededor de la Tierra.

telescopio Instrumento que se usa para colectar grandes cantidades de luz de objetos muy lejanos y para aumentar su visibilidad a simple vista.

visibilidad El término que usa un astrónomo para describir cuán clara y constante está la atmósfera para hacer observaciones.

Otras fuentes de información

Si quieres más información sobre telescopios, puedes consultar estos libros y páginas de Internet.

Libros

Schultz, Ron, y Nick Gadbois. *Looking Inside Telescopes and the Night Sky (X-Ray Vision)*. California: Avalon Travel Publishing, 1992.
Simon, Seymour. *Out of Sight: Pictures of Hidden Worlds.* New York: Seastar Books, 2000.

Sitios Web

www.astro.caltech.edu/mirror/keck/index.html
www.eso.org/
http://hubble.stsci.edu/
www.nasa.gov/
www.noao.edu/
www.nrao.edu/

Índice

Acerca del autor

Ray Villard se ha especializado en difundir la astronomía durante 28 años, y recibió de la NASA diversos reconocimientos por su contribución en el proyecto del Telescopio Espacial Hubble. Como Gerente de Información Pública del Instituto Científico de Telescopios Espaciales en la Universidad Johns Hopkins de Baltimore, Maryland, es responsable de difundir los descubrimientos más recientes del Telescopio Espacial Hubble. Anteriormente trabajó como Editor Asociado de la Revista de Astronomía (*Astronomy Magazine*), así como de la publicación Cielo y Estrella (*Star & Sky* magazine). Villard ha escrito una gran variedad de artículos para revistas, enciclopedias y libretos para diversos programas radiofónicos. Ha elaborado espectáculos para algunos de los planetarios más importantes, así como programas escolares. Imparte cursos de astronomía y organiza seminarios a través de la Universidad Johns Hopkins, la Institución Smithsonian y el Colegio Comunitario Howard en Columbia, MD. Ray Villard cuenta con una Maestría en Comunicación Científica de la Universidad de Boston.

Créditos fotográficos